XIAOZHANG
RUHE
JIANXING
YIFA ZHIXIAO

中小学校校长培训用书

刘晓英◎著

LIUXIAOYING ZHU

校长如何践行
依法治校

北京师范大学出版集团
BEIJING NORMAL UNIVERSITY PUBLISHING GROUP
北京师范大学出版社

图书在版编目（CIP）数据

校长如何践行依法治校 / 刘晓英著. —北京：北京
师范大学出版社，2022.4（2023.1重印）
中小学校校长培训用书
ISBN 978-7-303-27142-9

Ⅰ. ①校… Ⅱ. ①刘… Ⅲ. ①中小学－学校管理－
法制管理－研究－中国 Ⅳ. ①G637

中国版本图书馆 CIP 数据核字（2021）第 159399 号

图 书 意 见 反 馈　gaozhifk@bnupg.com　010-58805079
营 销 中 心 电 话　010-58802135　010-58802786
北师大出版社教师教育分社微信公众号　京师教师教育

XIAOZHANG RUHE JIANXING YIFA ZHIXIAO
出版发行：北京师范大学出版社　www.bnup.com
　　　　　北京市西城区新街口外大街 12-3 号
　　　　　邮政编码：100088
印　　刷：保定市中画美凯印刷有限公司
经　　销：全国新华书店
开　　本：787 mm×1092 mm　1/16
印　　张：10.5
字　　数：150 千字
版　　次：2022 年 4 月第 1 版
印　　次：2023 年 1 月第 2 次印刷
定　　价：40.00 元

策划编辑：伊师孟　杨　莉　　责任编辑：杨　莉　钱君陶
美术编辑：焦　丽　　　　　　　装帧设计：焦　丽
责任校对：张亚丽　　　　　　　责任印制：赵　龙

序　一

　　全面依法治国是中国特色社会主义的本质要求与重要保障，党的十九届四中全会提出了推进国家治理体系与治理能力现代化的治理目标，进一步凸显了依法治国的意义。法治是管理活动不可或缺的重要手段。常言道，"没有规矩不成方圆"，意指法治在公共秩序建构与管理活动中的重要性。法治与法制是两个含义比较接近的概念，并且读音也一样，所以，在日常生活中很容易混淆。客观而言，二者之间的区别还是比较大的。法制指一个国家的法及其法律制度，而法治则具有依法治理、依法管理的含义，在管理过程中更多指向的是理念、精神与行为，具有丰富的精神内涵和行动意蕴。

　　学校管理活动是一种公共组织与公共秩序建构的活动，凡公共组织与秩序活动，皆具有法治要求。因此，法治同样也是学校管理活动不可或缺的重要手段。校长是一校之长，在学校管理过程中必须具备依法治校的法治素养。校长的法治素养一般由法治意识、法治理念、法治思维、法治知识和法治能力等方面组成，提升校长的法治素养不仅是提升校长依法治校水平的前提，同时也是学校稳定秩序建构的重要保障。校长法治素养的提升一方面需要依靠校长的行为自觉，营造良好的法治环境；另一方面需要学校针对校长法治素养与能力的提升，开展多种形式的教育培训。以往的关于校长法治素养与能力提升的培训，多是以法律法规知识的讲授为主。法律法规知识相对而言是比较枯燥的，在开展校长培训活动中如果不能结合具体的法治实践与情境进行分析，那么，培训就难以取得良好的效果。因此，需要加强案例的分析与应用，将法治知识讲授与法治实践有效地结合起来。

　　刘晓英同志在北京市顺义区教育研究和教师研修中心干部培训科工作，长期在一线从事中小学校长与教师的法治教学工作和培训管理工作，经常深入中小学开展干部教师培训需求调研活动，因此，她对中小学法治建设实践以及中小学校长的依法办学之需皆有深入了解和持续探索。她将自己多年潜心研究的成果，结合在法治专题培训中的心得与反思，撰写成了《校长如何践行依法治校》这本著作。书中回应与解释了中小学校长在依法治校、依法办学中存在的许多困惑与问题。相信校长阅读此书后，会进一步加深对中小学法治建设实践的认识和理解。同时，本书对于提升校长的法治素养与依法治校、依法办学能力也具有积极的启示意义与现实价值！

苏君阳

北京师范大学教育管理学院

北京师范大学教育督导研究中心

序　二

伴随教育治理体系和治理能力现代化向纵深推进，学校治理现代化已成为中小学校关心、热议和思考的时代主题，而依法治校则是学校治理走向现代化的基本理念和策略保障。在此背景下，研究和探索校长如何践行依法治校是一个极具实践价值和现实意义的话题。刘晓英老师是我单位优秀中青年教师之一，入职以来，一直承担着干部培训教学及科研工作，治学严谨，专业功底扎实，所开发的培训课程及形成的相关研究成果获得业内专家认可并深受学员欢迎。《校长如何践行依法治校》一书是其多年来潜心实践、专注研究的结晶，凝结了对中小学依法治校的独特理解、实践感悟和价值追求。阅读之后，我认为本书主要有如下基本特点。

第一，篇章结构清晰、严谨。本书结构是基于校长依法治校实践中的关键问题而构建的，以"如何坚定法治信念"为思考起点，以"如何保护学生合法权益、如何引领教师依法治校、如何改进学校规章制度"为实践内容，以"运用法治思维方式"为深层保障，清晰地呈现了中小学校长践行依法治校的实践逻辑，凸显出作者对一线校长解决法治实践问题的关注和关心，是真正扎根中小学法治实践又经过审慎思考的成果，相信能够为校长依法治校实践提供有益的借鉴和启示。

第二，内容上注重理实相通。本书内容不像高深的理论著作，也不像单纯的实践经验总结，而是介于理论与实践之间，促成理实相通的一种专业表达。从法治信念到实践行动，从具体策略到法治思维，从文献研究到案例探讨，从实践分析到系统建构，努力打开理论对接实践的通路，于潜移默化中将法治信念、法治精神及其教育价值传递给校长们，能够为一线校长加深法治理解、应对和解决实践层面长期困扰的问题提供帮助和支持。

第三，案例讲述丰富、生动。本书呈现了丰富的依法治校实践案例，有的案例短小精悍、点明主旨，有的案例情节丰富、叙议结合，通过捕捉案例中的言行细节，并运用教育学、管理学、法学、心理学、社会学等多学科的知识和原理进行阐释，大大增加了全书的吸引力。一般来讲，依法治校类著作往往具有理性的表达风格，以突出法治的规范性与严肃性。刘晓英老师由于对依法治校价值的深切认同以及多年开展实践研究的专业情感，再加上她本人兼具法学和教育学的双重学术背景，进而采用了理性和感性共融的案例讲述风格，不仅理性地表达出法治规范主体行为的强制功能，而且感性地表达出其保护师生合法权益的温暖特性和落实学生主体地位的育人价值。

最后，衷心祝贺《校长如何践行依法治校》一书正式出版，期待她今后在培训教学一线再接再厉，潜心专研，形成更加具有专业高度和实践价值的学术成果，发挥其骨干教师的引领和辐射作用，为区域干部教师研修工作的创新发展贡献智慧！

张 海

北京市顺义区教育研究和教师研修中心

引　言

　　中华人民共和国成立之后，经过 50 年社会主义法治建设的理性思辨与实践探索，1999 年将依法治国写入《中华人民共和国宪法》，这成为我国法治建设的里程碑，也标志着教育法治站在一个新的历史起点上。同年颁布的《中共中央国务院关于深化教育改革，全面推进素质教育的决定》指出：全面推进素质教育，根本上要靠法治、靠制度保障。

　　1999 年至今，二十多年全面实施素质教育的过程中，教育变革和管理创新不断发生，基于破解问题、化解矛盾、推进改革的迫切需要，依法治校逐渐成为中小学校长实现素质教育目标的重要理念、行动依据和管理方式。2003 年《教育部关于加强依法治校工作的若干意见》（以下简称《意见》）、2012 年《全面推进依法治校实施纲要》和 2016 年《依法治教实施纲要（2016—2020 年）》（以下简称《纲要》）的颁布及相关政策文件出台，为校长在各个历史阶段践行依法治校明确了指导思想、方向和路径，提出了总体要求、标准和措施；依法治校示范校的创建活动、学校章程建设、法治骨干教师培养以及多元渠道和多种方式的法治宣传为校长践行依法治校提供了必要支持和有效帮助。新时代以来，尤其在 2019 年《中共中央关于坚持和完善中国特色社会主义制度　推进国家治理体系和治理能力现代化若干重大问题的决定》颁行之后，中小学校长更是置身于建设现代学校制度、完善学校内部治理体系和提升治理能力、走向学校治理现代化的时代氛围中。对于身处新时代的校长而言，践行依法治校不仅重要、必要而且需要持续进行，而"校长如何践行依法治校"则一直是亟待回应的现实问题。

　　《校长如何践行依法治校》一书是北京市规划办"十三五"课题"基于问题的中小学校长培训模式研究"的主要研究成果之一，其形成过程是一个充满挑战的实践复盘和问题解决过程。素质教育以来，中小学校长依据《意见》和《纲要》中的指导思想和总体要求，深入贯彻落实国家教育方针，在建设现代学校制度、完善学校章程和内部治理结构、提升全体师生法治素养、保障师生权益等方面积累了丰富的经验，运用法治思维和法治方式，努力促使民主法治、自由平等、公平正义的社会主义法治理念落地，为学校营造了较之以往更加浓厚的法治氛围。与此同时，校长践行依法治校过程中也有一些久而未解的难题和阻力。

1. 如何超越现实困境，坚定依法治校信念

校长落实法治理念并非一帆风顺，有时因为教育行政部门尚未改进的权威管理方式，有时因为解决学校与教师、家长、社会之间的矛盾而陷入难以自拔的人治困境，如何超越这些现实困境，坚定依法治校信念成为践行依法治校中的首要问题。信念是总开关、动力源，没有法治信念的依法治校是缺乏法治精神和法治信仰的表现，这将导致依法治校的目标和任务无法实现，持续践行更是空谈一场。唯有坚定法治信念，才能保障法治理念落地。

2. 选择什么样的着力点，形成践行依法治校的行动路径

校长作为践行依法治校的重要主体之一，需要结合《意见》和《纲要》的指导思想、总体要求和重要举措，从中选取应当且能够由校长践行的目标、内容和措施，并与中小学实际相结合，形成校长自身践行依法治校的行动思路，以保证贯彻落实国家教育方针，培养社会主义建设者和接班人。现阶段，校长积极响应和落实全面推进依法治校的总体要求，还存在面面俱到却重复交叉、事事要做却找不到或找不准着力点的现象，还使得依法治校精力分散、力度不够，各着力点之间难以形成清晰的依法治校行动路径。

其一，在保护师生合法权益方面存在着力点不精准的现象。校长以保护师生合法权益为己任，但是维权主体除了学校和校长之外，还有更为关键的主体即教育行政部门，以及教师自己。现代学校治理意味着多元主体共治，教师应当是依法治校中的积极参与者和建设者；同时，现代学校制度建设是以学生为本的一种制度安排。因此，在保护师生权益方面，校长的着力点不是倾一己之力既保护教师，又保护学生，而是联合教师、家长、社会共同保护学生的合法权益，在这个过程中教师自身权益也将因保护了学生权益而获得更好的保护。

其二，在提升师生法治素养方面存在着力点不清晰的现象。校长通常以开会宣讲、法治讲座、知识竞赛、演讲比赛、手抄报制作、橱窗及网络宣传

等做法，提升学校全体教师和学生的法治素养。这些做法虽然丰富多样，但是缺乏针对性和系统设计，师生法治素养较难获得持续提升。依据义务教育校长及高中校长专业标准中引领教师成长的要求，校长有理由以引领教师依法治校为着力点，通过具备良好法治素养的教师身体力行，营造法治文化，从而提升学生法治素养，落实《青少年法治教育大纲》的要求。

其三，在建设制度机制方面存在着力点不聚焦的现象。虽然校长在努力实现完善学校章程、健全内部治理机制、建设现代学校制度的任务，但是对章程、制度与机制的内涵理解和表达宏观抽象且相互纠缠，出现主线不清、任务不具体的现象。为解决这一问题，需要找到制度机制建设的焦点和出发点。由于学校机制的健全与运行均离不开相应的制度改进作为支撑，应将着力点放在以学校章程为统领的学校内部规章制度建设上。

3. 如何运用法治思维方式，应对依法治校中的问题

校长有了法治信念，有了践行的着力点和行动路径，还需要法治思维方式，这类似于认识、实践和方法之间的紧密关系，缺一不可。实践中，还存在着一些以人治思维方式治校的现象，诸如将依法治校作为控制教师和学生的工具，完善学校章程不经过民主程序，不尊重教师的参与权和表达权；教代会形同虚设，忽视教师的知情权、监督权等。而真正的依法治校是建立在对法治固有属性和法治精神深刻理解基础上的，校长不仅需要具有法治意识和法治理念，而且需要具备法治思维，能够运用法治思维方式应对和解决现实问题，如此才能真正地践行依法治校。

《校长如何践行依法治校》一书力求回应和观照以上问题，分五章依次阐释，内容包括如何坚定依法治校信念、如何保护学生合法权益、如何引领教师依法治校、如何改进学校规章制度和如何运用法治思维方式，整体结构上体现为践行依法治校的认识之维、实践之维和方法之维三个方面相辅相成，以校长法治信念为根基，以保护学生权益、引领依法治校、改进规章制度为重点内容，以法治思维方式为解决问题的主要思维工具，与校长共同探讨学校管理中的问题与现象，共同提炼依法治校的经验和智慧，寻找解决矛盾的规律、策略与方法，为全面推进依法治校提供一种恰当、简明、易行的路径。

第一章"如何坚定依法治校信念"是校长践行依法治校的认识之维。辩证唯物主义认识论认为正确的认识能够指导实践取得成功，错误的认识会把人

们的实践活动引向歧途。信念是自己认为可以确信的看法，是对事物的一种认识。在学校管理中，坚定依法治校信念是一种正确的认识，是成功践行依法治校的基础和保障。本章主要从知而信、行而信、成而信三个角度阐释校长如何在学校管理实践中坚定依法治校的信念。

第二、三、四章是校长践行依法治校的实践之维。"保护学生合法权益、引领教师依法治校、改进学校规章制度"三个着力点，是从依法治校的政策要求与实践问题中选取的重要内容，是依法治校实践中需要分析和解决的主要矛盾。依法治校既是学校管理理念，也是重要的管理方式，践行依法治校应当符合学校管理中目标、团队、任务之间的基本逻辑关系，分析以上选择的三个着力点，形成践行依法治校的行动思路，即以保护学生合法权益为目标，着力引领教师依法治校，联合多元主体共同完善学校规章制度，确保贯彻落实国家教育方针。

第五章"如何运用法治思维方式"是校长践行依法治校的方法之维。依法治校的认识和实践，需要方法论支持。学校教育承担着法治文化建设的重要任务，应以法治思维推进学校治理的法治化，法治思维方式关系到学校内部治理的质量。本章主要从思维基础、思维实践和思维境界三个方面阐释校长如何运用法治思维方式，解决学校管理实践中的问题和矛盾。

本书阐释的着力点不在概念辨析、理论探究，而在"践行"两字。践行就是实践、实行或实施。"践行"一词出自《朱子语类》卷九，"只有两件事：理会，践行"，理会是理解、领会、领悟之意。从知与行的关系上来看，"理会"依法治校与"践行"依法治校是相得益彰、相辅相成的，"践行"是"理会"的源泉、动力和最终目的，"理会"又反作用于"践行"，正确的"理会"能够指导实践取得成功。对于校长而言，依法治校的成功践行具有极其重要的意义，诸如增强法治信心，建立更加坚定的法治信念，营造更好的学校法治氛围，形成典型案例推广并形成良好的社会影响等。本书以"理会"为前提，突出对"如何成功践行"的阐述，力求做到三个坚持：

一是坚持实践视角切入。每章节穿插依法治校中的案例和故事，迁移、运用教育学、管理学及法学理论，以实践视角进行朴素分析，解释学校管理中的制度构建与改进、权利保护与实现等现象，进而引发对依法治校实践的深度反思。

　　二是坚持在深微处见远大。"深处"即依法治校的深层、深刻、深情之处，不是浮于表面，流于形式，而是直抵思维深处、行动深处和内心的真实；"微处"即依法治校的微观、细微、微小之处，不是宏观宣讲，而是关注日常语言表达、行为方式、思考习惯以及矛盾冲突时的内心纠结与心理感受，从中提炼和分析依法治校的价值与意义。

　　三是坚持服务于问题解决。以深层、细微的视角，沉浸在校长教育管理生活中，研究与校长密切接触的人、事和环境，与校长一起思考与解决教育管理中的问题，应对现实中复杂的矛盾冲突，分享践行依法治校中的彷徨与坚守、困惑与喜悦、扬弃与收获。

　　愿书中的典型案例、真实故事和朴素思考，能为中小学校长提供有价值的参考和借鉴，大家读后在依法治校、依法办学及现代学校治理的认识、实践和方法上均有所增益！书中的诸多观点，由于个人认知和思维的局限，难免有失偏颇，然则并非批判旁的观点，而是与大家一起探讨之意，目的不是争对错，而是真实、朴素、平和地表达一方拙见而已，恳请大家多提宝贵意见和建议，我会努力改进，为校长的法治实践和学校管理提供更好的服务。

刘晓英

北京市顺义区教育研究和教师研修中心

目　　录

第一章　如何坚定依法治校信念

以法治信念开篇，是怀着对"法"的敬畏和信仰的。有一位教师画出了"法治"的模样（见图1-1），"法"是他心中的太阳，"法治"普照时空，泽被万物，是能量、温暖、光明的象征。法治是国家层面上的定分止争、治国安邦，是社会层面上的公平正义、文明秩序，是个人层面上的追求自

图1-1　"法治"的模样①

---

① 图片由北京市顺义区牛栏山第二中学刘权军提供。

由、实现权利；信念是一种自己认为可以确信的看法，是对某人或某事信任、有信心或信赖的一种思想状态，是认知、意志和情感的有机统一体，激励人们按照自己认为正确的观点和原则去行动、去实现目标的一种内在力量。

法治信念是人们发自内心地认同法治的根本属性和理念，对法治蕴含的价值和功能深信不疑，相信运用法治原则、法治思维和法治方式能够公正且有效地解决工作和生活中的矛盾和问题，并将其努力落实到日常行动中的一种信仰。在我国，伴随经济社会创新发展和依法治国的全面推进，公民树立法治信念具备了经济、政治和文化条件，有了弘扬自由、平等、公正、法治精神的空间和平台。教育领域同样如此，无论是校长，还是教师、学生均置身于良好的法治环境中，形成和坚守法治信念具备了现实可能性。

依法治校信念在本质上是法治信念，表现为发自内心地认同法治的根本属性和理念，相信运用法治原则和手段能够保护师生合法权益、优化内部管理、协调外部关系，相信依靠法治思维和法治方式，能够公正且有效地解决学校教育管理问题。校长作为践行依法治校的领导者，只有树立坚定的法治信念，才能够引领全体教师依法治校，带动家长、社区维护学生合法权益，从而保证依法治校目标的充分实现。那么，如何才能坚定依法治校信念？这不是轻而易举、一朝一夕的事，若要在心中深扎"依法治校"的根，坚定法治信念，积极推进法治实践，需要经过知而信、行而信、成而信的认识和实践过程。

第一节　知而信之

认识依法治校是坚定法治信念的起点和基础，也是校长成功践行依法治校的重要促进因素。2012年《全面推进依法治校实施纲要》（以下简称《纲要》）是新时期校长全面、准确、深刻认识依法治校的纲领性文件，而《依法治教实施纲要（2016—2020年）》进一步指出要抓住重点，进一步深化落实《纲要》，将各级各类学校的依法治校工作推向深入。本节以《纲要》为依据，结合校长在实践中的想法和做法，从认同价值、明确内涵和理解要求三个方面，阐明真正认识依法治校的价值、内涵和作用对于坚定法治信念的重要意义。

一、认同价值：从礼治到法治

【礼治认同】有位热衷中华传统文化的校长认为，我国的传统文化博大精深，读一读《论语》就知道，我们是化法入礼，以仁义礼智信来治理国家的。法治是一个舶来品，是源于西方的管理模式，在学校大家抬头不见低头见，如果强调依法治校，很容易伤了感情，还是以礼治校、以文化人、以情感人更好。

这位校长对以文化人、以德治校的推崇是非常值得赞同的，但是却忽视了依法治校的重要价值，缺少了践行依法治校的信念。

【法治认同】当前，随着社会主义民主法治和政治文明建设的推进，教育改革的不断深化，各级各类学校的发展环境、发展理念、发展方式正在发生深刻变化，迫切需要全面推进依法治校、加快建设现代学校制度。推进依法治校，是学校适应加快建设社会主义法治国家要求，发挥法治在学校管理中的重要作用，提高学校治理法治化、科学化水平的客观需要；是深化教育体制改革，推进政校分开、管办分离，构建政府、学校、社会之间新型关系，建设现代学校制度的内在要求；是适应教育发展新形势，提高管理水平与效益，维护学校、教师、学生各方合法权益，全面提高人才培养质量，实现教育现代化的重要保障。

这是《纲要》中全面推进依法治校重要性的阐释，清晰而深刻。这表明学校的发展环境、发展理念、发展方式发生着深刻变化，全面推进依法治校在各级各类学校中势在必行。推进依法治校之于学校发展的重要价值主要体现在三个方面：第一，有益于学校适应社会主义法治国家的要求，完善学校治理结构，提高学校治理的科学化水平；第二，有利于学校建设现代学校制度，与政府、社会之间建立新型关系；第三，有助于学校提高管理水平与效益，维护师生合法权益，提高育人质量。

对比分析以上两种理解，校长的"礼治"之说与《纲要》中的"法治"之说在法治价值认同上相去甚远，但是，时至今日我们有理由相信校长并非不理解《纲要》中的规定，而是对传统文化有发自内心的认同，却缺乏对依法治校解决现实问题的信任。依法治校的重要作用清晰可见，校长为何始终坚持自己的"礼治"之说？一个重要的原因是法治信念的形成不仅需要政策要求和行政命令，而且需要摆事实、讲道理。以下从法治与礼治的关系、社会主义法治的理念和特色等多方面，为校长提供从认同礼治到认同法治的认识支架。

(一)礼治适用于中国的乡土社会

第一个认识支架是适用礼治的社会具有何种特点。上文中校长所认为的法治适于西方、礼治适于中国的观点，是值得商榷的。费孝通先生说："法治和礼治是发生在两种不同的社会情态中。礼治社会并不能在变迁很快的时代中出现，这是乡土社会的特色。"①意思是礼治更适合于由熟人组成的乡土社会，而难以适应于日新月异、由陌生人组成的现代社会，"我们大家都是熟人，打个招呼就是了，还用得着多说吗？——这类的话已经成了我们现代社会的阻碍"②。校长可能会认为学校中老师们之间朝夕相处，已经是熟人了，所以依礼治校更好。然而，现代社会的特点决定了社会管理的法治倾向，学校管理是社会管理的一部分，学校依法治理已是现代学校发展的题中之义，是符合社会要求的教育管理理念和行动，而礼治除了带有传统文化中德治的意味外，却总也抹不去人与人之间不平等的色彩，还有个性的压抑和民主精神的缺失。礼治在中国的乡土社会固然曾经有存在的土壤，但是不适合调整现代学校中利益主体之间的关系，与自由、平等、公正的现代精神不相契合。

(二)中国的法治不是舶来品

第二个认识支架是中国法治的传承。法治是人类政治文明的重要成果，是现代社会的重要标志，任何一个向现代化迈进的国家，必然会内生出自己独特的法治体系，我们可以向别国借鉴，却不可从别国照搬。从这个意义上说，中国的法治不是舶来的，而是属于自己的原生产品。在我国"法治"一词很早就出现在《晏子春秋·谏上九》中，"昔者先君桓公之地狭于今，修法治，广政教，以霸诸侯"，也就是说，春秋时起，我们就有了"法治"的概念，经秦汉，承唐宋，越明清，直至中华人民共和国成立，中国的法治文化源远流长；1999年，我们把古来有之的"法治"，赋予其时代内涵写入宪法，开启了新的法治建设征程；新时代以来，社会主义法治已经成为中国社会重要的治理模式和实现奋斗目标的保障手段。正如中华文明从未间断一样，中国"法治"始终在艰难行进中薪火传承，形成自己独特的法治文化。

(三)中国的法治需要政治向心力

第三个认识支架是中国法治的本质特点。从法治的一般属性上来说，它以公平为价值取向，以规则为依据，以保护权利和履行义务为内容，以程序

---

① 费孝通：《乡土中国》，65页，北京，人民出版社，2008。
② 费孝通：《乡土中国》，7页，北京，人民出版社，2008。

与证据为过程，以责任为结果。中国的法治具有法治的一般属性，同时又不同于西方的法治。"中国独一无二的地理条件，上下五千年的长途跋涉，中国的文明性格早已养成并深深镌刻在中国人的灵魂里。中国法治必须奠基于中国的文明传统之上，它一定有着与西方法治截然不同的结构与气质"，"中国法治需要一种政治向心力"。① 中国特色社会主义法治必须坚持中国共产党的领导，必须坚持人民主体地位，必须坚持法律面前人人平等，必须坚持依法治国和以德治国相结合，必须坚持从中国实际出发，体现出一种以民为本、良法善治的治理理想。校长从宏观上深刻认识中国法治的本质特点，认识到中国特色社会主义法治的一般属性和独特属性，才能真正形成社会主义法治信念。

二、明确内涵：从思想到操作

【指导思想】全面推进依法治校，必须以中国特色社会主义理论为指导，坚持社会主义办学方向，弘扬和践行社会主义核心价值体系，将坚持和改善学校党的领导与学校的依法治理紧密结合起来；必须全面贯彻国家教育方针，把立德树人，培养德智体美劳全面发展的社会主义建设者和接班人作为学校教育的根本任务，全面提高校长、教职工和学生的法律素质，加强公民意识教育，培养社会主义合格公民；必须坚持以人为本，依法办学，积极落实教师、学生的主体地位，依法保障师生的合法权利；必须切实转变管理理念与方式，提高管理效率和效益，为全面推进依法治国和全面实现教育现代化打下坚实的基础。

《纲要》中关于全面推进依法治校指导思想的"四个必须"是明确依法治校内涵的出发点，其内涵中应当包括中国特色社会主义、治理理念、法治素养、以人为本、保护权利和管理方式等基本元素。在学校管理中，依法治校是依照教育法律、法规所规定的权限和程序来管理学校。② 这是一个学科概念，需要结合政策文件和法治实践进行阐释，才能形成践行依法治校的操作性定义，使得依法治校的内涵更加明确。

---

① 刘哲昕：《文明与法治：寻找一条通往未来的路》，161页，北京，法律出版社，2014。
② 萧宗六：《学校管理学》（第五版），140～141页，北京，人民教育出版社，2018。

【操作性定义】从校长践行依法治校的角度来说，依法治校是依据社会主义国家宪法及法律法规或政策规定的权限和程序，遵循社会主义法治理念和精神，以保护学生合法权益、提升教师依法治校能力、建立健全学校章程及内部制度机制为主要内容，运用多元主体参与共治的法治思维方式，解决教育管理问题的实践过程。

这一操作性定义，是在分析《纲要》中指导思想、总体要求和主要任务基础上，从中选取应当且能够由校长践行的目标、内容和措施，结合中小学依法治校的经验和实践而形成的。校长依据操作性定义可以更为清晰、有效地践行依法治校，从而进一步坚定法治信念，以保证贯彻落实国家教育方针，培养社会主义建设者和接班人。从指导思想到操作性定义，经过了一个从全面到聚焦、从间接到直接、从宏观到微观的内涵梳理和着力点聚焦过程，校长需要深刻理解操作性定义中的三个要点。

（一）以学生合法权益保护为核心

在依法治校的操作性定义中，将学生合法权益保护作为核心内容，是基于指导思想中的目标指向和学校治理要求两方面的分析和考虑。

第一，依法治校的最终目的指向人的权益保护。从《纲要》中的指导思想分析，"四个必须"中有两个是指向人的权益保护的，一是必须把立德树人，培养德智体美全面发展的社会主义建设者和接班人作为学校教育的根本任务，这是对学生获得全面发展权利的保护；二是必须坚持以人为本，依法办学，积极落实教师、学生的主体地位，依法保障师生的合法权利。而其他两个必须，无论是坚持党的领导，还是提升治理能力，最终也是为了人更好地发展。在学校管理中，教师和学生是校长践行依法治校的服务对象，其行动应当聚焦在保护人的合法权益。

第二，聚焦学生合法权益保护是学校治理的内在要求。现代学校治理意味着多元主体共治，现代学校制度是以学生为本的制度安排。在保护师生权益方面，校长的着力点不是倾一己之力既保护教师，又保护学生，而是联合教师、家长、社会共同保护学生的合法权益。教师是学校治理的积极参与者和建设者，且是与学生有着最密切联系的重要主体之一，有更多的时间和机会保护学生的合法权益，在这个过程中教师自身权益也将因保护了学生权益而获得更好的保护。

（二）以教师依法治校能力为纽带

校长以教师依法治校能力作为践行依法治校的纽带，是从指导思想中的能力要求出发，结合校长专业标准进行分析和考虑的。

第一，教师依法治校能力是法治目标与法治实践的纽带。企业管理中，能力被看作战略与实施之间的纽带。《纲要》指导思想中明确提出：全面提高校长、教职工和学生的法律素质，加强公民意识教育，培养社会主义合格公民。实践中，校长通常以开会宣讲、法治讲座、知识竞赛、演讲比赛、手抄报制作、橱窗及网络宣传等做法，提升学校全体教师和学生的法治素养，这些做法虽然丰富多样，但存在两个问题：一是方法和途径分散，缺乏系统设计和关键引领；二是提升教师法治素养的做法较为单一，除了开会宣讲、法治讲座两种形式经常作用于教师外，其他方式多是对学生的任务要求。我们常说教育大计，教师为本，教师的专业能力深刻影响着教育目标的实现，教师专业能力是联结教育目标与教育实践之间的纽带。同样，教师的法律素质，尤其是教师的依法治校能力是学生提升法律素质，培养社会主义合格公民的重要影响因素，教师依法治校能力是联结法治目标和法治实践之间的纽带。

第二，以教师依法治校能力为纽带是由校长的工作重心决定的。依据义务教育学校校长及高中校长专业标准，校长应具备规划学校发展、营造育人文化、领导课程教学、引领教师成长、优化内部管理和协调外部关系的专业素养。这表明校长工作的重心是学校管理，而不是如教师一样与学生每天在课堂上朝夕相处，对学生的影响较为间接。校长领导行为直接的影响对象是教师，即专业标准中指出的引领教师成长。因此，校长有理由以提升教师依法治校能力为纽带，更好地促进教师依法执教、参与学校管理，营造学校法治氛围，进而通过具备良好法治素养的教师以身作则，真正落实《青少年法治教育大纲》的要求，提升学生法治素养，培养社会主义合格公民。

（三）以学校内部制度机制为支撑

校长将学校内部制度机制作为践行依法治校的支撑要素，是从指导思想如何落地和学校治理策略两方面来考虑和分析的。

第一，学校内部制度机制是依法治理学校的重要支撑。在《纲要》的指导思想中蕴藏着制度机制的身影，无论是坚持社会主义办学方向，弘扬和践行社会主义核心价值体系，还是落实师生主体地位，抑或是转变管理理念与方式，提高管理效率和效益，均与学校内部的制度机制密切相关。依法治校中的"法"是指从宏观到微观的一整套规则体系，既包括国家的法律、行政法规，也包括地方性法规和规章、教育政策，还包括学校章程及学校内部规章制度。从中小学内部依法治校的实操层面做狭义的理解，依法治校主要体现为校长依据学校章程及学校内部的规章制度治理学校，这将有利于依法治校落到深处、做到实处。当校长认识到校章及内部规章制度在依法治校中的核心价值时，就有利于建立起法治信念。

第二，以学校内部规章制度为支撑是学校治理的有效策略。依法治校简言之是依法治理学校的意思。在现代学校治理过程中，校长明确了治理目标，选定了实现目标的团队和方法，还需要制度环境支持。一直以来，尽管校长在努力完善学校章程、健全内部治理机制、建设现代学校制度，但实践中出现主线不清，章程、机制与制度的内涵表达相互冲突，具体任务重复交叉等现象。这些任务共同的载体是学校内部规章制度，学校机制的健全与运行均离不开相应的制度作为支撑，因此，制度支撑是有效进行学校治理的重要策略。

三、理解要求：从被动到自觉

【总体要求】学校要牢固树立依法办事、尊重章程、法律规则面前人人平等的理念，建立公正合法、系统完善的制度与程序，保证学校的办学宗旨、教育活动与制度规范符合民主法治、自由平等、公平正义的社会主义法治理念要求；要以建设现代学校制度为目标，落实和规范学校办学自主权，形成政府依法管理学校，学校依法办学、自主管理，教师依法执教，社会依法支持和参与学校管理的格局；要以提高学校章程及制度建设质量、规范和制约管理权力运行、推动基层民主建设、健全权利保障和救济机制为着力点，增强运用法治思维和法律手段解决学校改革发展中突出矛盾和问题的能力，全面提高学校依法管理的能力和水平；要切实落实师生主体地位，大力提高自律意识、服务意识，依法落实和保障师生的知情权、参与权、表达权和监督权，积极建设民主校园、和谐校园、平安校园。

这是《纲要》规定的全面推进依法治校的总体要求，依据总体要求又规定了相应的目标和具体任务，其中健全学校制度机制、落实师生主体地位、提升依法管理能力始终是重中之重。对总体要求的深刻理解与法治信念的形成息息相关，理解越深刻，法治信念的基础就越牢固。

【行为自觉】我初任校长时，认为依法治校是国家和上级部门的要求，就是要求全体师生不能踩法律法规、制度这条红线，不能越底线，不能碰高压线。如果没有依法治校这根弦，老师们不会信服，还会把自己陷入管理危机中。六年过去了，现在我认为依法治校其实并不仅仅是底线的要求，而是在制度规范、日常教育活动和管理实践中，落实师生主体地位，体现出民主、激励、自主、权利、关怀、责任等现实价值，依法治校是法治精神在学校的体现。

这是一位校长在任职初和任职六年前后对依法治校总体要求的理解，最初认为是强制要求，随着依法治校的实践不断深入，他理解到依法治校的总体要求不仅仅是底线要求，而且更多的是它所承载的民主法治、自由平等、公平正义的社会主义法治理念。从强制行动到自觉作为的转变不是一蹴而就的，需要从依法治校的总体要求中感悟和理解到其人文关怀、教育特性和思维特点，这样才能逐渐形成依法治校的管理习惯和行为自觉。

（一）依法治校中蕴含着人文关怀

进入学校调研，每每问及老师们对依法治校的看法，就会感受到一种莫名的抵触情绪，有的老师说"其实如果学校没有那么多的条条框框，我会干得更好"，这从侧面反映出校长践行依法治校时传递给教师的是条框限制，教师在情感上不太认同依法治校，更没有感受到自己的教育教学权等法定权利获得尊重。事实上，我们细读依法治校的总体要求就会发现：平等、自主、主体、民主、权利、和谐才是关键词，其中蕴含着温暖的人文关怀，依法治校不是治人，而是服务人的全面发展，这是依法治校的精髓和题中之义。校长尊重和维护师生合法权益，落实和保障师生的知情权、参与权、表达权和监督权均是学校管理中一个自然而然的人文关怀过程，这个过程不应是被动的，而应成为一种行为自觉。

（二）依法治校具有独特的教育性

依法治校不同于依法行政，具有鲜明的强制性，也不同于企业依法治企，以营利为目的，教育领域与其他领域的法治之不同点在于其突出的教育特性：

一方面，学校内部规章制度具有教育性。作为依法治校的重要支撑，无论是公正合法、系统完善的学校章程，还是学校内部各类制度、规范、程序及相关保障机制均应承载立德树人的根本任务，均应尊重教育规律和人的成长规律，均应以落实师生的主体地位为指导思想和基本原则，体现出法治精神和育人功能，即与教师相关的制度应当具有激励教师积极工作的作用，与学生相关的制度应当具有促进学生自由而全面发展的价值。

另一方面，依法管理的行为和过程具有教育性。在学校调研中，学生们经常会对学校管理行为提出疑问，比如为什么不能把手机带进校园、为什么课间不能吃东西、为什么宿舍一个同学抽烟全宿舍同学都要跟着挨罚等问题，校长依照学校规章制度解决这些问题时，应当具有教育的特性。

有位校长说："学生独立意识强，不好管理，现在的学生和家长主张权利多，更不好管理，学校这规章制度也发挥不了什么作用了。"

另一位校长说："对于学生提出的问题我们会认真考虑怎么做，看看能否把学生的合理建议吸纳过来，对现行的规章制度进行调整，但也一定要把正向的引导给学生，保证学生健康成长的方向，而不是学生想怎么样就怎么样。"

这两种说法截然不同，后一种不仅体现了依规而为的法治精神，而且体现出校长对学生主体地位的尊重和关注，还体现出"怎样培养人"和"培养什么人"的思考角度，凸显依法治校的教育特性和态度。依法治校不是独立于学校教育之外的工作，不要当作额外的任务被动实施，而是伴随教育过程自觉发生。

(三)依法治校中必备的思维方式

校长践行依法治校从被动实施到主动作为，需要掌握一种思维方式。如果没有行之有效的思维方式，践行依法治校将会遇到诸多现实困难，且难以实现行为自觉。《纲要》在总体要求中明确提出：要增强运用法治思维和法律手段解决学校改革发展中突出矛盾和问题的能力，全面提高学校依法管理的能力和水平。这是对校长践行依法治校采用何种思维方式的要求。学校管理的思维方式多种多样，法治思维是依法治校中必备的思维方式，校长如果在管理实践中能够自觉运用这种思维，就意味着真正理解了《纲要》的总体要求，建立法治信念的基础也就更加牢固了。

最后，我们简要总结一下这一节的内容。本节主要依据《纲要》的指导思想、总体要求和目标任务，从认同价值、明确内涵和理解要求三个方面阐释建立起法治信念的认知基础；从礼治到法治、从思想到操作、从被动到自觉的认知转变过程，是法治信念逐渐形成的过程。法国思想家卢梭曾说，一切法律中最重要的法律，既不是刻在大理石上，也不是刻在铜表上，而是铭刻在公民的内心里。将法治信念扎根内心深处，才能够真正实现保护学生合法权益的最终目标。

第二节　行而信之

行动是信念形成的载体和过程，"行"就是依法治校的行动、实践或是运用。苏霍姆林斯基说："信念只有在积极的行动之中才能够生存，才能够得到加强和磨炼。"知而行之，才能使信念得以生存、巩固和强化。这一节里主要讲在校长日常管理中如何坚守依法治校的信念，强调依法治校不是与学校管理相剥离的一种额外工作，而应在计划、执行、检查、处理的各个管理环节中认真践行。有人会反问：这些均是学校的常规工作，与依法治校又能有什么关系？也有人会认为：这样是把依法治校的覆盖面泛化了，混淆了法治与管理的边界。这些观点恰恰是阻碍依法治校落到实处，影响法治精神深入师生内心，影响建立法治信念的偏误言辞，依法治校与学校管理时时处处交汇融通，应当践行在日常管理中。

一、计划制订：协商优于权威

协商是协作、商量的意思。协商制订计划是落实教师主体地位的重要体现，每个学期学校的工作计划是"权威式"，还是"协商式"，反映了校长是否尊重教师民主参与学校管理的权利，体现着校长的依法治校水平。权威式计划和协商式计划是经过不同的制订过程形成的，下面我们进行对比分析，说明在计划制订中践行依法治校的重要意义。

权威式计划是指校长根据上级要求，每学期微调上学期的计划，形成计划初稿，领导班子之间进行研讨，形成学校的工作计划。这样的制订过程优点是观点集中、效率高，缺点是忽视教师参与学校管理的权利，学校的学期工作目标、内容和措施没有广泛征求民意。

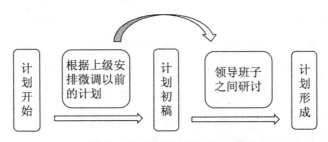

图 1-2　权威式计划的制订过程

协商式计划是校长经过教育法规政策的检索与学习、广泛征求同行的意见和建议、组织教师民主研讨、多次多方反复修改完善等环节形成的计划。这个过程中，校长通过重温或学习新的教育法规政策巩固了法治知识、把握了新的政策要求，与上级、下级之间进行广泛互动，围绕计划进行意见征集和组织研讨，保证了计划在实施中能够有效落实。

图 1-3　协商式计划的制订过程

与权威计划的制订过程相比，协商式计划的制订过程时间比较长、学习容量大、操作过程劳心力，这使得具体实践中含有三种观点：一是认为教育法规政策众多难以消化，尤其是最近几年文件特别多，看都看不过来，更不用说理解和参考了；二是认为教师们不关心学校工作计划，也提不出什么太有价值的意见和建议；三是认为协商制订计划没有现实可能性，学校的事情实在太多了，学校的计划如果这样制订基本是不可能的。针对这三种观点，为了更好地引领师生和学校发展，需要调整和转变以上想法，从而坚定践行依法治校的信念。

(一)协商有助于落实法规政策

《中小学领导人员管理暂行办法》第五条规定了中小学校领导人员应当具备的基本条件,要认真贯彻党的教育方针、熟悉中小学教育工作和相关政策法规、自觉贯彻执行民主集中制等。学习教育法规政策是对校长素养的基本要求,尤其是在教育综合改革进入深水区和攻坚期时,为了引领改革方向,规范改革行为,校长更应当及时、深入、多途径学习法规政策。在计划制订过程中进行协商就是一种将法规政策内化和转化的有效途径,校长在与教师协商之前,需要做大量准备工作,包括对法规政策的准确理解。只有紧紧把握住教育方针和各层各类法规政策的要点,将其内化于心,才能吸纳有价值的意见和建议,回应不恰当的主张和要求,引领正确的协商方向,进而将法规政策理念和要求传递给教师,转化到教育管理实践中。可见,以协商的方式制订学校工作计划,不仅是一个深入学习法规政策的过程,更是一种促进法规政策落地的重要途径。

(二)协商体现着对教师的尊重

协商是尊重教师权利的民主过程,不要因为教师在协商中"不说",就省略掉这个协商过程。"问了不说"与"不问不说"有本质上的区别,"不问不说"是没有任何民主迹象的,"问了不说"则表达了校长真诚的协商姿态。教师之所以不说,可能是由于学校还没有形成协商议事的氛围;也不要因为教师说不出有价值的意见,就跳过这个协商过程,教师们从"不说""说得没价值""说得有价值"直到"说得很有价值"需要经过一个长期的过程,关键是校长自己要坚守依法治校信念,不要抱怨,不用畏难,先"问起来"。日常一点一滴的协商会带来质的变化,相信教师们一定能够感受到校长的民主作风,逐渐地积极回应,并不断地提升民主参与能力,这就是协商的重要价值,也是行在日常的力量。

(三)协商有利于提升管理质量

协商制订计划并不会带来管理负担,反而会提升管理质量。我们只需要在头脑中有协商计划的完整过程,制订计划时有意识地去检索和学习法规政策,在课间、在食堂里或开会的间隙里,有意识地问几位老师关于计划的意见和建议,再自己认真完善,就已经是协商制订计划了,至于每一步严谨与否、深度如何、耗费了多少心力，效果怎样，这些尚在其次，当务之急是我们对这个过程的深切认同和努力实践。当然，对于学校重要的计划和关键任务的策划，我们需要扎扎实实，严格按照协商过程认真实践，保证学校规划、年度计划、教学计划及重点活动策划的质量和效益。

二、执行过程：法治无处不在

协商制订计划之后，就是按照计划有序执行，在组织、协调、监控、指导、激励等管理过程中，时时注重践行依法治校。这体现在校长日常的细节里、语言上、习惯中，如此方能培育坚定的法治信念。

(一)行为细节里体现法治精神

校长的法治信念体现在一点一滴的行为细节中，而不仅仅是在工作报告中说一说。以执行协商式计划为例，执行过程中的行为细节能体现平等、公平、正义、合法、维权等法治精神。第一，需要提前通知教师学校的工作计划，让教师有心理准备，而不是突然告知。第二，组织实施时，注重人力、物力、财力分配的公平合理，教师有获得公正的资源分配的权利。第三，协调过程中，注重正向协调，不要为了解决问题，就以反面的、违法违规的方式进行协调。第四，质量监控中，注重监控及监控手段的合法性。有的学校为了监控教师日常备课及工作状况，在教师办公室安装监控器，引发了教师的不满，侵犯了教师的隐私权。第五，指导过程中，注意平等对待每一位教师的专业现状、专业表达和质疑的权利，而不是武断地命令教师按照自己的观点修正专业理解。第六，激励过程中，注重方式方法的合法性和合理性，做到公开激励。

> 有位校长激励中层管理者的方式是私下许诺每位中层管理者"你跟着我干，就名利双收"，对于自己认为干得不错的中层，校长会给予区别于其他中层管理者更多的利益，比如允许多报销图书资料和学习资料等。

这种私下、个别激励的方式，极容易造成领导团队之间的不和谐，是不公正的，应当以公开的、面向全体中层管理者的方式进行。这些行为细节中蕴含的法治精神和法治要点如图 1-4 所示。

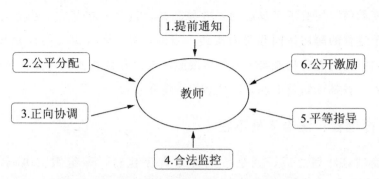

图 1-4 执行过程中体现法治精神的行为细节

(二)语言表达上体现法治理解

言为心声，法治信念还体现在语言表达中，校长在汇报时的书面表达和日常交流中的口头表达均能够体现出自身对依法治校的理解是否全面、准确和深刻。

> C 校长在述职时说："我们学校严格依法治校，组织老师学习了《中华人民共和国教育法》《中华人民共和国未成年人保护法》等相关法律法规，聘请了主管法制教育的副校长做专题讲座，确保了学校安全零事故。"

这段话中，C 校长对依法治校的理解局限在依法依规管理教师上，局限在学校安全事故和学生伤害事故的预防和处理上，而全面、准确、深刻的法治理解应当是如下的表达：

> "今年，我们按照教育法规、政策及市区教委文件精神，开展学校各项工作，依法保护学校师生的合法权益；为进一步提升师生的法治意识，组织师生听取了主管法制教育副校长的法治专题讲座，学习了《中华人民共和国教育法》《中华人民共和国未成年人保护法》等法律法规；全体教职工在教育教学活动中依法治校，认真履行了教育、管理和保护学生的责任，确保了学校安全零事故。"

这样的表达体现出校长对依法治校全面、准确的理解。从依法治校的主体来说，它既包括教育行政部门对学校的管理，也包括校长和学校其他管理人员对学校事务的管理，还包括教师对学生的管理，甚至包括学生自治组织，比如说学生会对学校相关事务的依法管理；从依法治校的内容范围上来说，不仅包括学校安全事故和学生伤害事故的预防和处理，而且包括了落实师生主体地位、保护师生合法权益的重要内容。

(三)思维习惯中体现法治思维

语言和行为是思维的外壳，校长的法治信念更体现在其深层的思维习惯中，正如上节所述，法治思维是依法治校中必备的思维方式。

有一次，组织一个培训班进入一所重点高中开展交流活动，事先与校长进行沟通，提到一个问题："培训班进入贵校需要注意些什么吗?"电话里校长迟疑了一下，说："来的是远客，对客人能有啥要求，来就行了，没有啥需要注意的。"

这是校长热情好客的思维习惯，觉得人家是客人就不要有什么条条框框的要求了，这是人之常情，在学校迎来送往的各种交流观摩活动中，也实属正常现象。如果更进一步从依规治校的角度上看，外来参观团进入学校也需要相应的方案，规定观摩者遵守学校的基本要求也实属情理之内。例如，清华附小的老师们低声提醒前来观摩的校长们轻言轻行，因为静能生慧，孩子们正在安静地听课；北京市玉泉小学在观摩活动材料中放入一张温馨提示单，标注了"在学校遇到学生问好，请主动回应""看到校园里有垃圾，请弯腰拾起"等，是对观摩者的温馨提醒，亦可称作行为规范。这些要求和提醒不是约束、限制观摩者的自由，而是希望与观摩者达成一种行为契约，形成一种价值共识，那就是每个人一旦进入校园，其言行将会对孩子们的成长产生或正面或负面的影响。可以说，当校长发自内心地将要求观摩者遵守学校规范当作常态的管理行为时，就意味着校长有了正确的践行依法治校的思维方式。

三、结果评价：规范优于变通

计划、执行之后，便是对整个管理过程的评价、反馈及相关修正。结果评价既有可能调动教师工作积极性，又有可能打击教师积极性。从依法治校的角度上分析，在结果评价这个管理环节上，需要把握一个重要的关键词是"规范"。

（一）规范优于变通的前提条件

在结果评价中规范优于变通是有前提条件的，一是评价标准本身是既定的良好的规则；二是评价程序是既定的规范程序。依据良好的规则和规范的程序进行结果评价，才能减少或避免管理矛盾。结果评价中的变通往往是迫不得已，想尽办法以弥补既定规则和程序的不足。

某中学在评优、评先的工作部署中，校长宣读了评选办法，其中一条是教学常规工作被认定有重大问题者，不能被评为优秀等级和区级先进。这个评选标准比较笼统，不是良好的规范。法治意识强的教师会问两个问题：一是教学常规工作中的重大问题是指什么，是教学期间的学生伤害事故、旷课，还是班级教学成绩与同年级存在巨大差距等。二是谁来认定教师的教学常规工作有重大问题，是校长、主管领导，还是校务委员会。

这是关于规则和程序是否良好的问题，关系到管理中的评价环节能否顺利进行。在结果评价前，校长应当尽最大可能以协商的方式反思、修正既定评价规则和程序，这是践行依法治校的体现，也是坚定法治信念的过程。

（二）依据良好的规则评价结果

校长在评价教育教学工作时，应当以既定的、良好的评价制度或标准对工作结果进行评价，而不能仅凭自己的价值取向和好恶随意评价。老师们是按照既定规范来工作的，如果开学初给出一个标准，学期末突然说事情有变，又按照另外一个标准，那是对行为依据的漠视，自然是违背依法治校的。唯有依据《中华人民共和国教师法》和相关法律法规及学校规章制度等规定，明确学校与教师的权利与义务，充分尊重教师在教学、科研方面的专业权利，在职务评聘、继续教育、奖惩考核等方面给予有理有据的评价，才能真正保障教师享有各项合法权益和待遇。

（三）按照规范的程序评价结果

程序是法治和恣意而治的分水岭，它保证了法律面前人人得以有秩序地主张自己的合法权益，尤其是涉及教师评职、评优、评先等重大利益问题时，规范程序更是不能打折扣。

曾听过一则关于"程序"的笑话。公诉人问证人："你刚才说案发那天你去拜访了被告，那么他说了什么？"律师说："反对！提问不符合程序！"接着，公诉人和律师就这句提问是否符合程序辩论了足足一小时，最后法官裁决：反对无效，证人必须回答这个提问。然后证人回答："没说什么，他当时不在家。"

这则关于程序的故事，让人读后不免会笑一笑。有人会说公诉人和律师真是闲得没事做了，为了讨论程序是否合法，占用了法庭大量的时间，影响了庭审的效率，回答的问题也没有什么实际价值，但这是程序正义，对于结果的公正具有重要作用。在学校管理评价这个关键环节上，同样应当注重程序正义问题，而不要为了省时、省力而求变通，省略或者减少程序。

最后，总结一下"行而信之"这一节的内容。这一节主要从学校管理计划、执行和评价三个常规环节中，寻找坚定法治信念的实践行动。计划制订时，进行民主协商；计划实施中，行为细节、语言表达、思维习惯体现法治元素；结果评价时，坚守既定的良好规则和规范程序。这些均是依法治校的具体行动。如果校长能够行在日常管理中，行在细小深微处，那么，相信自身的法治信念会获得进一步的巩固和加强。

第三节　成而信之

成功的行动是信念形成的关键和保障，一次次小小的成功不断累积，就能给校长以持续依法治校的信心和勇气，并逐渐养成实践中坚守法治信念的习惯。但是法治实践往往不一定都获得成功，有时依法而治难以解决现实问题，有时虽然解决了，却存在教师和家长均不满意的后续困扰。尽管我们坚信所有成功的取得，均是保持定力、持续实践的结果，然而如何在依法治校的实践中提升成功率，实在是需要方法和艺术的。本节结合校长法治实践中的问题和现象，从成在原则、成在权衡和成在综合三个方面来呈现如何坚定法治信念。

一、成在原则：公平是测量仪

成功践行依法治校需要坚持多种原则，公平原则是最基本的原则之一，贯穿依法治校的全过程，是依法治校成功与否的测量仪。公平的概念是复杂的，学界也经常探讨公平、公正、平等、正义等相似概念的区别与联系。实践中公平有三种表现形态，即平等性公平、差异性公平和补偿性公平①，这有利于我们更好地分析在实践中如何有效运用公平原则。

（一）公平是机会和权利的平等

公平的第一种实践表现形态是平等性公平，体现为机会和权利的平等。在学校内部管理中，实现平等性公平需要注意以下几个方面。

第一，坚持学校规章制度面前人人平等。全体师生在学校章程统领下的各类规章制度面前人人平等，不分性别、民族、年龄，凡学校章程中规定的评职、评优、评先等各项权利及成长发展的机会人人享有。以教师评定职称这个话题来说，以校长为组长的职评小组，依据上级文件精神和政策要求及教代会或全体教职工大会上形成的职评办法，经过组织申报—述职—评议—表决—公示等过程，每位教师根据职评办法，均有结合自身条件决定参加或不参加职评的权利和机会，这便是实现了管理中的平等性公平。

第二，达成师生权益实现相对性的共识。平等性公平不是权益的绝对实现，有时所有人的权利得以实现，有时多数人的权利得以实现，而有时只是少数人的权利得到满足。有的学校职称名额多、参评人数少，所有符合条件的参评者都得以晋升；有的学校由于职称名额少、参评人数多，最终结果是有的教师评上了，有的教师没有评上。这种情形下，每位教师也能从内心真正接受权益分配的结果，这便是在学校内部达成了权益实现相对性的共识。

第三，保持各个权利主体间利益的总体平衡。平等性公平不是迁就或者满足每个人的利益要求，而是着眼于各个权利主体间利益的总体平衡。

---

① 褚宏启：《教育现代化的路径——现代教育导论》(第 2 版)，195～199 页，北京，教育科学出版社，2013。

每年在职评期间，校长会非常谨慎，但仍然会出现个别教师认为不公平的现象，甚至发生不愉快的冲突事件，其中原因很复杂，除了体制、机制、指标、编制和职称结构等原因外，还有一个原因是个别教师着眼于个人利益而非整体性公平，诸如"我是符合条件的，我的工作很努力，成绩也很好，为什么我总评不上，这对我太不公平了"。

事实上，判断一件事是否实现了平等性公平，不是由校长说了算，也不是由某位教师说了算，而是由分配有限资源的基本原则或标准所决定的。如果依据既定规则和程序完成了某种利益分配，校长就有理由认为这种利益分配实现了机会平等和权利平等。当然，这种平等性公平有两个前提条件：一是没有主观上违规、显失公平的事实，没有出现某位教师的业绩明显较差却获得了晋升等问题；二是职称评定办法合法合理且形成过程公平、公正、公开。

(二)公平是合理差异上的平等

公平的第二种实践表现形态是差异性公平。没有人在买衣服时主张大号的衣服应当贵一些，而小号的衣服应当便宜一些，买小号衣服的人也不会认为不公平，这是合理差异。从商家整体的经济利益来看，大小号衣服的用料费用平均起来，整体上也没有受到什么经济损失。在学校内部管理中，差异性公平体现为在保证每个人权利平等和机会平等的基础上，因人因事而异，实现合理差异的公平。

在 S 学校有两位长期合同制校工，一位是近 50 岁的中年人，一位是 30 多岁的年轻人，由于学校工作的需要，两人均是学校的后勤人员，校园内的很多零活都安排他们去做，比如割菜园的草、清理垃圾、抽污水井等。一样的工作，不一样的工作体验，年长的校工任劳任怨，工作认真踏实；年轻的校工却觉得非常不体面，消极怠工，多次谈话没有改变，也不好解雇他。主管总务的副校长觉得他还是一个年轻人，向往一份更加有盼头、有挑战的工作，于是向校长请示，想安排他去参加一个消防中控管理员的培训学习。但是，考虑到另一位年长的校工可能也有这样的需求，校长就把这个学习机会同时告诉了两位校工，征求两人的意见，年长的校工果然也想参与一下。但最终的结果是，年长者学习过程中自动放弃，而年轻的校工通过努力学习取得了消防安全员证书，后来专门负责学校所有消防安全设施的检查，学校师生的消防安全培训，校园内水电暖、建筑的安全检查工作以及总务处的接报修登记工作，虽然学校又雇用一名临时工来做以前他所负责的工作，但是他只要一有时间，就和临时工一起干，工作中非常主动积极。

这是校长运用公平原则的成功案例，关键之处有两点：一是校长尊重每个人的权利，当有了一个"消防中控管理员的培训学习"机会时，校长把这个机会公布给了每位利益相关者，所谓公生明，偏生暗，能否把握住这个机会，则在于每位教职工自身的努力和能力了。二是校长因不同教职工能力、需求、性格的差异而合理地安排工作，实现了合理差异上的公平。把握好这两点，当面对为什么同样的校工却是不一样的工种的质疑时，校长便可回应说："这是差异性公平。"真正的公平不是偏袒某一方或某一人，而是在动态的法治实践中，纷繁复杂的管理情境中，实现差异性公平。

(三)公平是普遍的道义性补偿

公平的第三种实践表现形态是补偿性公平。所谓普遍的道义是指每个人内心均具有的向善的道德、正义感、同情心、恻隐心等。国家对社会经济发展薄弱的边远地区给予资源、政策上的倾斜，教育均衡发展过程中教育资源配置向农村学校倾斜，均是普遍的道义性补偿的具体体现。在学校管理中，补偿性公平是学校对在经济方面、身体方面有特殊困难的学生或教师进行特别帮扶，给予经济补偿、制度倾斜的一种公平的表现方式。

从学生的角度来说，通常享有道义性补偿的学生包括孤儿、单亲生、品行特殊学生、学习困难生、贫困家庭学生等特殊群体学生、残疾学生、随迁子女、留守儿童。校长依据教育政策制定关爱与帮扶的管理制度，细化随班就读工作的实施方案，建立残疾儿童档案，在学生评优评先实施方案中的制度倾斜等行为，均是补偿性公平的体现。

从教师的角度来说，学校管理中的很多现象可以补偿性公平做出解释。

　　某重点中学的一位教师连续三年带高三毕业班，患了很严重的静脉曲张。学校给这位教师弹性坐班的制度例外，要求她除了上课和参加必要的会议，可以在家批改作业。有的教师提出异议，也要求弹性坐班。

　　这种情况下，校长就可根据补偿性公平做出准确、合理的解释。

二、成在权衡：权利是主导线

　　权衡是比喻事物在动态中维持平衡的状态。依法治校取得成功，需要使得利益主体之间的权力、权利和义务获得平衡。权力是职责范围内的领导和支配力量，具有规定性；权利是公民或法人依法行使的权利和享受的利益，具有选择性；义务是权利主体应做出一定行为或不做一定行为的责任，具有强制性。这三者中，权利是依法治校成功践行的主导因素，主要从以下三个方面进行分析与思考。

(一)以权利主张限制权力行使

　　在学校内部管理中，校长在职责范围内掌控着学校的领导权，权力如何行使一直是管理实践中的高频话题。有的校长认为权力是一把尚方宝剑，不到关键时刻不要轻易出鞘，把权力当作一种慎思慎用的政治赋权；有的校长认为权力是一种管理工具，运用它立竿见影解决各种现实问题，把权力当作一种提升日常管理效率的工具。不管以何种行使权力的观点指导实践，均会与教师、学生或家长的权利主张相遇。

　　有一位新任中学德育校长负责学校校本课程建设工作，他设计了教师读书计划和学生读书计划，学期初在全体教职工大会上进行了布置，计划学期末开展读书交流活动。很快到了期末，他让老师们主动报名，却没有人理会。她有些懊恼，私下问了一位关系不错的教研组长："这是为什么？老师们为什么不支持我工作？"教研组长说："一来你布置得不太具体，二来期末了教育教学任务比较重，教师和学生的精力和时间都不在读书交流活动展示上。"

这位校长恍然大悟，自己依照职权布置工作、要求教师和学生做某件事时，应当考虑到尊重教师的教育教学权和学生的学习权，师生的权利主张对校长的权力行使具有限制的作用。

（二）以权利本位规定相应义务

马克思说，"没有无权利的义务，也没有无义务的权利"，权利和义务相伴而生，相辅相成。从现代法律的本质特征"权利本位"来分析，在权利和义务的关系上，权利是目的，义务是手段，设定义务的目的在于保障权利的实现，这是以权利为本位的特征之一。学校的教育质量和社会声誉、校长的领导素质和群众口碑，无不依赖于校长高规格履行应尽的法律上乃至道德上的义务；教师赢得专业自主权和学生的爱戴、学生获得学习权和学校嘉奖，亦是教师和学生基于权利而各自履行义务的结果，校长、教师和学生实现权利的根本手段是履行好义务。

在理想状态下，权利本位意味着义务履行之后权利获得实现，但是学校法治实践中还存在着片面强调义务，而忽视权利的现象。有个别家长单方面要求学校履行教育、管理和保护学生的义务，骗过学校安保进入校园，扰乱学校正常的教育教学秩序，甚至殴打教师。此种情形下，除了报警等应急手段外，校长应当坚持以权利为本位，坚定地保护学校师生的合法权益，要求家长履行其应尽的法定义务和道德义务。

（三）以他人权利调整自身权利

每个人的权利都会与自身周围重要他人的权利密切相关。承接上文中权利本位的探讨，其另一个重要特征是权利主体在行使权利时，会受到法定限制，而此种限制的唯一目的在于保证对他人的权利给予应有的承认、尊重和保护。当他人权利与自身权利相遇时，自身合法权益的实现，以不侵犯他人的合法权益为边界，自身权益范围的伸缩和调整是以他人权益为限的。

> 学校办公室的卫生问题是学校管理中较难介入的问题，每所学校都会规定办公室要保持整洁，但不是每间办公室都是整洁的。有的教师认为办公桌是自己私人空间，整洁不整洁是个人的事儿，果皮纸屑乱扔一桌是自己的权利，与别人无关，我的空间我做主；有的教师认为个人办公桌也是公共空间的一部分，果皮纸屑影响了自己的办公环境。

依据权利本位的重要特征来分析，很显然前者在主张自己个人权利时，忽视了他人权利乃至公共权利要求。类似这样涉及教师之间权利冲突的管理实践中，校长均可以尝试运用权利与权利之间的互相约束关系，指导每位教师以他人权利调整自身权利的范围和边界，协调权利的总体平衡。

三、成在综合：法治是整合器

实践是综合的，法治在学校治理中是综合多种方式解决实际问题的整合器。单一的治理方式难以一枝独秀解决学校管理中的复杂问题，校长一方面坚守公平原则，另一方面依法依规平衡权力、权利和义务之间的关系，有时却仍然不能解决棘手的问题。所谓徒法不足以自行，法治不是万能的，但是没有法治是万万不能的。校长在管理实践中，需要发挥法治的整合功能，坚持法治与德治、情理、文化相互结合，因为无论哪一种治理方式均以法治方式作为基本保障，这也是成功践行依法治校的重要策略。

(一)坚持法治与德治紧密结合

道德是内心的法律，法律是成文的道德。道德是法治实践的价值导向，法治是道德的制度支撑。学校管理实践中，"法治不管用，德治管用"或者"法治管用，德治不管用"，这样的割裂式说法均没有意义，依法治校与以德治校相辅相成，与国家层面上依法治国和以德治国相结合是同样的道理。

> 一天早上，校长在学校门口迎接老师和学生的到来，已经过了上班的时间，有位英语老师姗姗来迟，校长问："怎么晚了?"老师说："给我家媳妇儿把药煎好，她是班主任，每天早上走得早，只能晚上回来喝。"校长说："药什么时候不能煎，明天不能再迟到了，最近刚强调了考勤制度。"这位老师一听心里非常不高兴，当天上午就向校长请假一个月，需要在家照顾生病还坚持上班的妻子，表示自己带的毕业班的英语课也不能上了。

本案例中，教师的做法表明在此种情境下，校长直接以制度去要求教师作为或不作为，往往不能被教师接受，依规管理遇到了现实问题的挑战；教师因校长直接、生硬地坚持学校规章制度，自认为受了委屈，从而搁置毕业班的课程，耽误学生的学业，其师德水准不敢恭维。此种管理冲突的解决，首先在于将依法治校与以德治校紧密结合。校长一方面需要坚持落实学校规章制度，另一方面需要加强师德教育，如此法治与德治密切结合，双管齐下，才能在实践中避免、减少和解决不必要的矛盾和冲突。

（二）坚持法治与情理相互补充

法治与情理之间不可分割，相互交融。校长依法依规治校过程中，需要关注教师的情绪情感，了解教师的工作和生活状态。承接上文的案例，英语教师夫妻双方均在学校工作，一人带病还坚持当班主任，一人操持家务带毕业班，还要照顾病人。这种情境下，校长需要晓之以理，动之以情，弥补依规治理中的不足。再比如上文曾经提及的敏感的职称评定问题，职称名额少而符合参评资格的教师多，校长一方面严格依规章和程序组织职称评定；另一方面，需要选择职称评定后的恰当时机在情理上进行解释，比如"我们是按规定程序来的，名额有限，大家总有评上的，也有评不上的。今年评不上，也不用灰心，明年有名额再争取"，这样关乎教师切身利益的问题，唯有努力做到法治与情理相互补充，才能真正解决好学校复杂的管理问题，从而成功地践行依法治校。

（三）坚持法治与文化相伴而行

依法治校与学校文化建设相伴而行，校长践行依法治校过程中，需要将公正、平等、自由的法治精神和权利本位观念，渗透到师生行为规范和日常教育管理中去，落实到办学传统、育人目标及教育理念中去，营造一种体现法治精神的学校文化氛围。

近年来，中小学校在每年 12 月 4 日宪法日，组织师生开展学习宪法的活动；每年有 3 月 18 日和 9 月 18 日两个民主建议日；学校的教代会在涉及教师、学校重大利益时，发挥着越来越重要的民主管理作用；在每年的全国中小学生安全教育日，学校会约请当地的公安司法干警，宣讲安全知识及召开预防青少年犯罪的专题讲座；等等。这些具体做法均有助于将法治精神融入学校文化中。与此同时，法治与文化相伴还需要拓展一下思路，比如促使学校协同家庭、社区保护学生合法权益成为常态，又如引领全体教职工系统、持续学习法治常识和新的教育法规政策，再如从现代学校制度建设的视角，改进学校的规章制度等，这些持续的日常行动，会将法治信念深植于学校文化中，学校也将成为培养现代公民的真正场域。

"成而信之"作为第一章的最后一节，从成在原则、成在权衡和成在综合三个方面阐释依法治校成功践行的关键节点和重要思考，所要表达的核心观点是：法治信念的树立和坚守不是一蹴而就的，而是一个不进则退、持续提升强化的实践过程，需要拥有知而信的清醒，行而信的历练，成而信的执着。只有通过依法治校成功地解决了学校管理中的问题，校长才能够真正建立和坚守法治信念。

第二章　如何保护学生合法权益

这是一个主张权利的法治时代。在践行依法治校的过程中，没有什么比保护学生权益更重要的事情了。正如依法治国的最终目的是保障人民的合法权益和生活幸福，依法治校的最终目的同样是保障学生的合法权益和健康成长。

图2-1　儿童的四大权利①

① 图片由北京四中顺义分校高一学生杨欣然提供。

　　1989 年联合国《儿童权利公约》提出了儿童的四大权利——生存权、发展权、参与权与受保护权；规定了对待儿童的基本原则，包括无歧视原则、尊重儿童的生命健康原则、尊重儿童观点与意见的原则和儿童利益最大化原则。这些权利和原则表明：在世界范围内，尊重和保护学生是最根本的立场。

　　在我国，学生权利经历了一个逐渐被承认和扩展的过程。1982 年《中华人民共和国宪法》第四十六条规定，中华人民共和国公民有受教育的权利和义务；1986 年《中华人民共和国义务教育法》将义务教育规定为公民享有的权利，禁止对学生的体罚；1995 年《中华人民共和国教育法》详细列举了受教育者的各项权利，且赋予学生对不服学校管理和处分时提起申诉或诉讼的权利；进入 21 世纪后，2010 年《国家中长期教育改革与发展规划纲要(2010—2020)》和 2017 年《义务教育管理专业标准》更加强调了尊重学生权利的重要意义，义务教育管理的第一项管理职责即保障学生平等权益，这是尊重学生权利的具体体现；2020 年 10 月修订的《中华人民共和国未成年人保护法》，首次在法律中明确了"保护未成年人，应当坚持最有利于未成年人的原则"。因此，正如第一章中所述，校长践行依法治校核心的任务是学校对于学生权利实现的关注与保护。

权益是应该享受的不容侵犯的权利①，学生的合法权益是学生应当享有的为法律所保护的权利和利益。保护学生合法权益不仅是依法治校的最终目的，更是学生成长的题中之义。学校治理走向现代化的背景下，结合校长依法治校实践中的困惑与问题，本章从正确保护、重点呵护和协同维护三个方面探讨保护学生合法权益的策略和方法。

第一节　正确保护

教育是爱的事业，相信每一位校长、每一位教师都是爱孩子的，都深深知道保护学生合法权益是责任、义务和使命。爱的初心不容置疑，爱的方式方法却值得探讨。所谓正确保护，是针对非正确保护而言的。实践中，学校、教师对学生的保护并非都是正确而恰当的，比如观念错误、管理行为失度或是偏离育人目的等。那么，如何才能实现学生权益的正确保护呢？

一、多维视角：拓展权益认知

未能正确保护学生权益的主要原因之一是教育者在学生权益认识上的局限。学生权益不仅仅是法律概念，在教育过程和管理情境中还有其独特的教育和管理内涵。校长需要从法治、教育、管理等多个角度综合审视学生权益，为正确保护学生权益奠定良好的认知基础。

(一)法律规定中的学生权利

权利是现代法律中的核心概念之一，一般指法律赋予人实现其利益的一种力量。从法律意义上讲，"学生权利是指法律规定的，学生在受教育过程中具有的自己这样行为或不这样行为，或要求他人这样行为或不这样行为的能

---

① 《现代汉语词典》(第 7 版)，1082 页，北京，商务印书馆，2017。

力或资格，即法律规定的学生可以自主决定做出某种行为的许可和保障手段"①。这表明学生所拥有的每一项具体权利，都包含了以下三层意思：一是学生自己积极实施某项法定行为的权利；二是学生要求义务履行人作为或不作为的权利；三是在义务人不履行义务时，学生要求保护自己的法律救济权利。可见，学生权利对学校、教师等义务主体的要求非常严格。

在不同效力范围和层级的法律中，学生的权利主要包括《中华人民共和国宪法》规定的政治权利、社会经济文化权利、受教育权等公民权利；《中华人民共和国民法典》规定的公民的人身权和财产权；《中华人民共和国教育法》（以下简称《教育法》）规定的受教育者的参与教育教学权、获得"三金"权、获得公正评价权和申诉权等权利；《中华人民共和国未成年人保护法》规定的未成年人的生存权、参与权、发展权和受保护权，这也是 1989 年联合国《儿童权利公约》规定的四项权利。可见，在世界范围内，尊重和保护学生是最根本的立场。与此同时，由于法定的学生权利类别多，具体内容多，保护学生合法权益在实践中确实是个不小的挑战。

（二）教育意义上的学习权益

学生是正在发展中的人，在学校学习成长，是受教育者，同时也是具有发展潜能和需要的人，他们在学校中不仅是享有教育和管理服务、履行学习义务的主体，而且应当是享有学习权益的主体。我国《教育法》第四十三条规定了受教育者的五项具体权利：一是参加教育教学计划安排的各种活动，使用教育教学设施、设备、图书资料，即参与教育教学权；二是按照国家有关规定获得奖学金、贷学金和助学金，即获得"三金"的权利；三是在学业成绩和品行上获得公正评价，完成规定学业后获得相应的毕业证书、结业证书，即获得公正评价权；四是对学校给予的处分不服向相关部门提出申诉的权利，对学校、教师侵犯其人身权、财产权等合法权益的，提出申诉或依法提起诉讼，即申诉权；五是法律法规规定的其他权利。以上五项权利中前三项权利与学生学习密切相关，可以称作学生在教育意义上的学习权益，这也是保护学生合法权益的核心内容。

---

① 余雅风：《学生权利与义务》，10 页，南京，江苏教育出版社，2012。

（三）管理意义上的学生权益

我国《教育法》规定的前三项权利是教育意义上的学生权益，而第四项申诉权是管理意义上的学生权益，此类权益是对学校内部治理的挑战。当然，申诉权仅仅是学校管理意义上学生权益的一隅。《国家中长期教育改革与发展规划纲要（2010—2020）》（简称《纲要》）总体要求中明确指出，要切实落实学生主体地位，依法落实和保障学生的知情权、参与权、表达权和监督权，这是管理意义上的学生权益。这四项权利同时是党的十七大提出的人民权利。

在学生管理中，这四项权利主要着眼于学校决策和管理过程中学生的角色、作用和利益，学生不应是消极的接受者，而应成为积极的参与者；学校决策和管理不应是单向的、被动的过程，而应成为与学生之间双向的、互动的过程。学生的知情权是学生在学校知悉、获取公共和个人信息的自由与权利；学生的参与权是学生依法依规通过投票、座谈会、论证会、听证会等各种途径和形式，参与管理学校事务的权利；学生的表达权是学生有权依法依规表达自己对学校管理的看法；学生的监督权指学生有监督学校管理的权利，包括批评权、建议权、申诉权、控告权和检举权等方面的内容。学生"四权"的实现是现代学校治理的重要标志，也是落实学生主体地位的重要保障。

二、育人为本：落实主体地位

《纲要》明确指出，必须坚持以人为本，积极落实学生的主体地位，依法保障学生的合法权益。从教育角度来看，学生主体地位的落实依赖于教育和管理过程中的育人为本，校长在践行依法治校过程中，如何真正落实学生的主体地位，主要有以下三点建议。

（一）培养学生权利主体意识

权利主体意识是指为彰显及实现主体性所应有的意识，意味着个体对自身权利确知、确证、确信的思想状态，个体能动、自主地认知、表达、主张权利，并且依据理性和独立思考创造性行使及运用权利。[1] 落实学生主体地位首先体现在培养学生权利主体意识，这是实现教育目标，培养现代意识的

---

① 刘旭：《权利主体意识及制度保障》，载《特区实践与理论》，2019（3）。

重要前提。

第一，日常管理中鼓励学生大胆表达自己的见解。权利主体意识不是百依百顺、唯命是从，而是大胆表达主体独特的认知和观念。实践中，有一种对学生权利排斥和抵触的现象，有位校长说："现在真的是学生权利猛于虎。"害怕学生主张权利，希望每个学生都乖乖听话，对学校管理不要提出异议，过多强调义务而忽视权利，这样的管理不利于权利主体意识的形成。

第二，法治教育中激发学生的权利自觉。《纲要》规定要加强和改善学生的法制教育，开展好"法律进课堂"活动，将学生法治意识、法律素养作为素质教育的重要内容，在学生综合素质评价中予以体现。通过课堂教学、主题活动、社会实践等多种方式，掌握法律知识，培养法治理念，激发学生的权利自觉，这是培养学生权利主体意识的重要途径。

第三，以申诉机制保护学生权利主体意识。学校应当建立相对独立的学生申诉处理机构，其人员组成、申诉受理及处理规则，应当符合正当程序原则的要求，并允许学生聘请代理人参加申诉。学校处理教师、学生申诉或纠纷，应当建立并积极运用听证方式，保证处理程序的公开、公正，以完善的申诉机制保障学生权利主体意识的形成。

(二)引导学生正确行使权利

落实学生主体地位还体现在引导学生正确行使权利。法律赋予学生的权利是一种资格和力量，如何正确行使权利，需要学校进行引导。

第一，指导学生提出正确的权利主张。权利主体意识不是唯我独尊、我行我素，而是理性、正确地表达权利主张。有的学生随意主张权利，如在上课时，向老师主张睡觉权，老师提醒他上课好好学习，不要睡觉，他却说："老师，我又没有影响别人，这个时候实在太困了，学习是自己的事儿，我想睡就睡。"这显然不是正确地行使权利，老师当然不能保护这样的权利主张。

第二，引导学生明确权利行使的有限性。落实主体地位不等于溺爱，而是要明确权利的限制。法治实践中，学生权利的行使是有限制的：一是学生权利实现不能侵犯教师和他人的合法权益。二是学生权利实现不能违反学校的管理规定。三是学生应当履行自己的义务。学生既享有法定权利，同时又应当履行法定的义务。

（三）指导学生积极履行义务

指导学生积极履行义务是育人为本的重要体现，也是落实主体地位的重要基础。学生不仅是被保护的对象，同时也是遵纪守法和努力学习的义务主体，应当遵守学校规章制度和纪律，履行学习义务，按照要求完成教师布置的作业，按照学校统一安排的教育教学活动行动等。学生的义务与教师的义务、学校的义务一样，不能放弃，必须履行。引导学生积极履行义务主要体现在以下方面：

第一，正面指导学生履行义务。在学校管理实践中，为了让学生履行义务，有不少管理方式体现出一种警示性，学生因恐惧不利结果的发生，而去遵守法律和履行义务。例如学校组织学生观看禁毒宣传片，胆小的学生看到吸毒少年悲惨的人生，害怕自己也沾染上毒品，晚上睡不好觉，出现了心理阴影。可见，反面警示的教育方式虽然也能够达到管理目的，但是可能给学生造成心理伤害。所以，学校的法治教育除了反面威慑，还需要配合相应的正面激励，促进学生主动积极履行义务。法治不是违法犯罪、令人恐惧的代名词，看到法治只想到杀人、放火的刑事犯罪，这是将法治窄化了。除了刑法，我们有民法、经济法、行政法和教育法等，法治是公正、自由、平等和秩序的标志，依法治校是为了促进学生自由而全面的发展。

第二，提升学生的义务履行能力。学生对学校行为规范的遵守能力是一个持续学习和发展的过程，校长应当认真分析本校学生的总体特点，通过学校、年级、班级三个层次的教育和指导，增强学生对学校规章制度的价值理解，促进学生自主管理，将义务履行与奖惩相联系并进行强化，比如上课认真听讲、不迟到、不早退、独立完成作业、爱护校园设施等行为会获得教师的奖赏，而上课捣乱、考试作弊、破坏公物等行为会被惩罚。经过持续的指导，促进学生自觉、正确、积极履行义务，不断提升学生义务履行能力。

三、管理适度：保障权利实现

坚持育人为本，才能真正落实主体地位；坚持适度管理，才能真正保障权利的实现。以下从民主管理过程、权利冲突解决及规章制度完善等方面提出适度管理的建议。

(一)民主管理中的刚性与柔性

学生合法权益的实现，尤其是管理意义上学生的知情权、参与权、表达权和监督权的实现，需要学校营造民主管理空间，而民主管理中应把握好刚性要求与主体自由之间的平衡。

某高中校的张校长按照管理习惯，对校园进行巡视，当他走到教学楼前时，发现周五来的绿化队不仅把草坪进行了修整，而且把教学楼前的矮灌木给剪平了，他预测顽皮的学生可能会越过矮灌木踩踏草坪。学校绿地面积有限，造价又高，绿化队来美化也是一笔不小的费用。回到办公室，他就与德育处的老师们商量如何避免此类事情发生，最后形成了一致意见。周一升旗仪式上，张校长进行一周点评后，特别强调："同学们，我们教学楼前的草坪经过修整后，看起来非常整齐漂亮，大家不要踩踏。今天，在这里事先提醒广大同学，从现在开始，学校电视台将对此类事件进行曝光，请同学们注意。"当天，张校长安排校园电视台负责人在草坪周围安排两个录像机位，本意是提醒同学们不要踩踏。但是，一天内，学校2000多学生中有100多人"落网"。

想到已经预见、事先提醒且准备了应对方式的管理问题没有得到解决，张校长调整了思路，觉得对于高中学生来说，要给学生足够的民主空间，他打算召开一个关于学校草坪管理的学生座谈会，了解一下学生的真实想法和建议。座谈会上，12名学生发表了自己的意见和建议，有人说踩踏草坪不是想搞破坏，而是因为特别喜欢在草坪上玩或是读书休闲；有人建议在草坪里修几条小路，那样就能满足学生喜欢亲近自然的天性；有人说可以设学生管理岗，在课间、上下学时监督、提醒控制力弱的学生等。所有学生对以曝光的方式来威慑学生的管理规定均不赞成。

座谈会结束后，张校长又针对草坪管理向部分教师和学生进行了问卷调研，最后统一了认识，学生喜欢且不允许踩踏学校的草坪，这是民主管理中的刚性要求；同时吸纳了学生的建议，由德育处协调全校设学生管理岗，让学生参与管理、参与监督，并在升旗时告知了全体学生。

一个学期过去了，学生们把草坪维护得非常好，完全不用架机位，耗费德育处的心力，这是民主管理中的柔性处置。

张校长前后两种不同的做法，代表着两种学生管理的方式：一种是以单方管理的姿态约束限制学生的行为；另一种是在学生管理中留出了民主空间，调动学生参与管理学校事务，充分尊重了学生的知情权、表达权、参与权与监督权，落实了学生主体地位。斯宾塞说："我们管理教育学生的目的不是让他受到别人的管制，而是需要他养成自治的习惯和能力。"学校要积极拓展学生参与学校民主管理的渠道，充分征求学生的意见，积极探索学生代表参与学校决策机构的机制，尤其在制定与实施涉及学生利益的管理规定时，比如班规、校规，应当充分尊重学生作为利益相关者的意见。

（二）权利冲突中的平等与共赢

管理实践中，不仅存在学生权利与学校管理权之间的冲突，而且存在学生权利与学生权利之间的冲突，需要通过适度管理，保持学生权利之间的平衡。学生之间的权利冲突可以分为如下两类：

一类是不同学生的同类权利之间发生冲突。这种冲突体现为不同学生在同一时空中获得同一类权利。比如家长给孩子抢占座位的小品《占位子》，每位家长都认为自己的孩子应当占据班上最佳的听课位置，这是不同学生的空间使用权的冲突。一定意义上说，每一个学生对班级的座位都有选择的权利，但不可能每个学生都占据最佳的位置；有的学生坐在了前面，有的学生坐在了后面，有的学生坐在了中间，有的学生坐在了侧边，没有绝对的权利平等。我们可以选择好的分配方式，尽最大可能公平地把资源分配给学生。比如有的学校分配座位前先向家长和学生进行调研，然后按照身高加视力的原则来安排座位，前5排、后5排隔月轮流换，中间、左右轮流换，有特殊需要照顾的再进行特别安排，实现学生之间同类权利冲突的平等与共赢。

另一类是学生自身两种以上的权利发生冲突。这种冲突体现为学校过分强调学生某一种权利，而忽视学生另一种权利。比如强调学生生命健康权，而忽视学生的参与教育教学权。出于安全重于泰山的考虑，有的学校不允许学生课间活动，有的学校不让学生参加激烈的体育活动，还有的学校取消春游等。安全管理确实非常重要，生命健康更是重中之重，校长要做的是以好的管理方式平衡这两种冲突，在确保学生安全的前提下，培养学生的冒险精神及对未知事物的探索和挑战创新的精神，从而保障学生参与学校各项活动的权利，为培养全面发展的学生提供保障。

(三)制度完善中的坚守与革新

学生管理制度是随着时代发展、社会进步、科技发展而不断改善的，比如手机携带、发型、着装、住宿等方面的规定需要与时俱进，这给学校管理带来了不小的挑战。学校既要在变化中坚守传统中的优良制度，又要适应新的变化进行制度革新，以保障学生新的合理的权利诉求。

2008年，某校为了统一仪容，请来理发师对学生的发型一个一个"过筛子"，对不合格的发型进行了再加工，引起了部分学生的反感和家长的不满。学校的德育校长进行了回应："这是学校的一项传统，15年前就要求学生留齐耳短发。由于有些家长对短发的标准掌握不好，学校两次聘请理发师对约50名学生进行二次加工，可能是由于沟通不畅，才造成不满意的现象。经过深刻反思，我们认为学生已经不同从前，15年前的标准不一定适用于21世纪追求个性化的时代，这件事也促使校方思考，发型标准也将不再一成不变。"

十多年过去了，现在该校保留对发型的要求，但有了更具体、多样的规定，比如马尾辫儿长不过肩或短发不过肩等，这符合现代学生们对美的个性化需求，是更加符合现代管理理念的人性化规定，这是制度完善中的革新；而学校依旧保留对发型整洁的要求，希望学生在仪容仪表、着装上美观大方，是制度完善中的坚守。

第二节　重点呵护

这是一个主张权利的法治时代，更是一个尊重学习主体的教育时代。在丰富的学生权利内容中，教育意义上的学生学习权益是践行依法治校中需要重点呵护的权益。这里用"呵护"一词，是表达一种校长、教师对学生学习权益的超规格保护，是教育者对学生成长更深层次的爱护，也是对实践中保护学生学习权益的价值引导。上文提到，《中华人民共和国教育法》中明确规定了学生有参与教育教学权、获得"三金"权、获得公正评价权三项权利，但学生学习权益在学校实践中不限于法定要求的内容。"我们应从保障'学习权'的高度，寻求超越了传统教育观念的课程教学制度。"①这使我们从更高的站位与视野上，来认识和保护学生的学习权益。

一、学习权益：内涵、价值与问题

在基础教育综合改革的进程中，学习权益作为中小学生经常主张的权利受到越来越多的重视。学生的主要任务是学习，落实学生主体地位体现在学生每天的学习过程中，因此，相对于学生的其他权益而言，学习权益应成为权益的重心。为了更好地呵护这项权益，我们从以下三个方面对其进行认识和分析。

(一)学习权益的产生及其内涵

"学习权"这一概念的正式提出是在 1985 年联合国教科文组织召开的第四次国际成人教育会议上，会议通过的《学习权宣言》指出，学习权是人类的一种基本权利，包括阅读和写字、提出问题与思考问题、想象和创造、了解人的环境和编写历史、接受教育信息以及发展个人和团队技能的权利。这个提法充分表达了学生是作为权利主体而存在的，学生不仅仅是接受教育的被动客体，更是可以自己选择学习内容和方式，掌握学习过程，为了完善自我进行自主学习与思考的主体，这符合尊重学生主体地位的法治理念。

20 世纪 80 年代开始，英美等国家的教育改革关注点直指保护学生最基本的学习权益和学习需要。美国政府出台了一系列教育改革计划，最具影响力的是 2002 年签署的《不让一个孩子掉队法案》，以保障每个孩子的学习权益。

---

① 　钟启泉：《改变"学力观"　保障"学习权"》，载《河南教育》，2001(9)。

2005年10月，英国教育与技能部公布了《为了全体学生：更高的标准，更好的学校》白皮书，其核心思想是把家长和学生置于学校的中心地位，为每个孩子提供优质的教育。我国学者认为"学习权是对学习者选择甚至确定学习内容权利的肯定"①；有的学者认为"学习权是一种力图超越学习过程中各种现实的限制和制约来获取知识技能，以满足自身成才和社会要求的一种资格与能力"②；还有的学者认为"学习权作为一个权利束，由学习自由权、学习条件保障权和个性发展权三大类权利构成"③，这些观点成为目前国内关于学习权的重要论述。

综合以上观点，学生学习权益可以理解为学生在学校内所享有的与学习有关的权利，是学生应当享有的获得学校尊重、保护和救济的学习权利，主要由学习自由权、个性发展权和学习条件保障权构成。

(二)保护学习权益的现实价值

第一，落实依法治校理念的重要途径。在依法治教的政策背景下，特别是党的十八届四中全会以来，保护中小学生学习权益成为促进校长从更深层次上理解和落实依法治校理念的重要路径，"学校作为实施教育教学的机构，不能只关注自身的管理，也应当充分尊重学生的权利与自由，并在两者之间取得适度的平衡，这些都将成为教育法治发展的必然要求"④。

第二，有助于学校营造以生为本的育人环境。在学习权提出之前，学生作为受教育者是学校的教育对象和管理对象。伴随素质教育的深入实施，学校教育与管理服务学生成长成为主流观点，比如生本教育理论认为，应把教育的全部价值归结到学生身上，以学生的发展作为教育的本体。通过保障学生学习权益的思考与行动，促进教师共同聚焦学生思考问题，营造育人为本的环境，学生将不再是接受教育的客体，而成为享受学校教育服务的未来公民。

第三，有利于保证中小学生健康成长。中小学生正处于身心成长发展阶

---

① 袁振国：《当代教育学》，351页，北京，教育科学出版社，2004。

② 杨勇：《学生学习权法理研究》，载《云南电大学报》，2008(1)。

③ 陈恩伦：《论学习权》，博士学位论文，西南师范大学，2003。

④ 申素平：《教育法学：原理、规范与应用》，16页，北京，教育科学出版社，2009。

段，心智发育尚不成熟，对于自身的学习权受到侵犯往往不能自知，学校通过保护学生的学习权，有效地促进学生健康成长。保护这一权利不仅能防范侵权现象的出现，而且有利于学生学习广度和深度的拓展，保证学生健康全面发展。

(三)学习权益保护的问题分析

目前学习权益保护的实践中，还存在不少问题。通过对 12 所学校中 120 名中小学教师和学生的访谈，我们把实践中存在的侵犯学生学习权益的现象概括为以下三个方面：第一，在学生学习自由方面，满堂灌或分层教学运用不恰当；学生在课堂上的发言机会少；课堂上对中小学生的质疑与创造性思考置之不理；布置重复无效的惩罚性作业；主科占用其他学科的课时。第二，在学生个性发展方面，个别学校缺少多样丰富优质的校本课程，不能满足学生的个性化选择；有的学校的社团，几乎是为优秀学生设立的社团，需要经过严格选拔。第三，在学习条件保障方面，正常上课或活动期间教师让学生站楼道，剥夺学生上课的权利；实验室器材、体育设备、教学设施不让学生使用；学习困难生不能获得公正评价等。以上三个方面的现象在实践中反复出现，总是难以得到有效抑制，这是由多种因素造成的，主要体现在以下几方面。

第一，有的校长对学生学习权保护的认识存在偏差。一是认为在现有的教育体制下中小学生在学习内容、方式及时间安排上没有任何选择权，保护这项权利无从谈起。二是认为不能在学校明确主张学生权利，因为很多家长会提出不合理权利要求，给学校管理带来诸多麻烦。三是认为依法治校是学校发展的刚性要求与行动底线，只要不发生学生伤害事故，保护了学生的生命健康权、人身财产安全就是对学生尽了保护义务。这些认识上的偏差直接影响到保护中小学生学习权益的实效。

第二，有的教师缺乏保护学生学习权的耐心与方法。在实践中，教师们清楚地知道教育管理学生时应当以学生权利为本，但在教学与管理过程中遇到情境冲突时，没有立竿见影的办法，行为较为急躁，认为以上出现的侵犯学生学习权益的行为属于正常现象。理由主要是现在的孩子难以管理，学校要求教学成绩，"老师不来点儿狠的，怎么能出成绩"，这类教师认为严师出高徒，用武断直接的方式来教育管理学生。有的教师急于赶进度，忽视学生的课堂发言；有的教师急于让学生听话，不允许学生看书而要求练坐姿；有的教师布置作业没有从育人的角度思考，要求学生多次重复抄写。这些对学生学习权的漠视，很大一部分原因就在于教师缺乏教育耐心及有效的教育方法。这直接导致了学生学习权没有充分实现。

第三，有的学校缺乏具体丰富的保护策略。由于以上所述的认识误区和方法缺失，学校对学生学习权的保护策略不够丰富具体，主要体现在两个方面：一是较少从学生学习权益保护的角度思考和解决问题，二是保护学习权益的思考还不够深入。谈到学生保护策略时，学校提出的策略往往宏观、不具体，比如改变教育评价制度和中高考指挥棒、提升教师的法律意识、降低国家课程的难度等，这些保护策略有的没有操作性，有的太过空泛，有的则缺乏合理性。因此，它们在实践中无法有效发挥作用，从而使得侵犯学生学习权的现象时有发生。校长需从学校层面整体设计学生学习权保护的理念体系和丰富具体的保护策略，以保证学生权利得以实现。

二、权益重心：表达、选择与使用

上文提到，我国有的学者认为，学习权益主要由学习自由权、个性发展权和学习条件保障权三类权利构成①，每一类权利又可细分为多个更为具体的权利。比如，学习自由权可细分为上课权及参加活动的权利、选择学习内容方式和时间的权利、表达个人意见的权利等；个性发展权可细分为发展特长的权利、参加校内特长活动的权利、选择转学和升学的权利等；学习条件保障权可细分为使用图书资料和各种教育教学设施的权利以及获得公正评价的权利等。这些具体的学习权益非常丰富且具有教育价值，但是无法穷尽，因此，校长们可以选择与学生最密切相关的权益作为重心，给予重点呵护。

（一）捍卫学生的课堂表达权

学生天天上课，课堂表达权应是学生学习自由权中的重心。伏尔泰说："你所说的话不一定正确，但我誓死捍卫你说话的权利。"学生的课堂表达权就是学生在课堂上发言的权利，又称课堂话语权，是学生最基本的权利之一。

---

① 陈恩伦：《论学习权》，博士学位论文，西南师范大学，2003。

有人认为："我国课堂教学尚缺乏起码的人性、权利和个性意识，这是教学危机的根源。"①那么，如何捍卫学生的课堂表达权？

第一，调研学生对教师课堂教学的需求。教师是保护学生权利的直接相关人，特别是班主任老师，与学生在课堂上、在课外活动中亲密相处，学生每天绝大部分时间学习生活在课堂上，教师课堂语言与行为直接影响到学生课堂表达权能否得到应有的保护。

　　有一所农村小学做了一项调研，让学生说一说自己最尊敬的老师，并告诉老师一个小秘密，给老师提一点建议。学生们说得五花八门，有位学生说："老师，您是我最尊敬最喜爱的老师，我想告诉您一个小秘密，我给您提一个小小的建议，我希望上英语课时，您多多叫我回答问题，如果您能接受就更好了！"有位小学生在接受随机采访时描述了这样一个场景："上课时，老师有时也让我们问问题，老师说：'你们问吧，不说你们。'我们开始挺高兴的，然后我们就问，问完了，他就和我们嚷嚷，说我们事儿特别多，让闭嘴，真不知老师是怎么回事！"

学生们的说法和想法真实且纯朴，他们的愿望都是学生学习权益中最基本的权利愿望，即学生的课堂表达权。学生是学习活动的主体，是学校教育教学活动的主要受益者，有要求"以他们自身为本"开展教育管理活动的资格，这种资格来自学生作为人、作为儿童、作为知识构建者的基本权利认定。

第二，以优秀教师的语言和行动作为榜样。优秀教师的一言一行都有育人的意蕴，他们在课堂上运用鼓励性语言引导学生独立思考、自主表达，同时对学生的质疑与创新想法给予解答与关注，给予学生客观公正的评价，从而营造一种师生平等的学习氛围；他们设计导学案、进行分层教学、组织小组合作与展示、开展研究性课题、开发校本课程、引导学生设计班队会活动、尝试翻转课堂，运用多种教学方式和手段，为学生提供更加充分的课堂表达空间和可能。

第三，日常管理中指导教师尊重学生表达权。校长可以通过听评课、校

① 张华：《重新确定课堂教学的方向》，载《基础教育论坛》，2013(23)。

本教研、校本培训等活动，引导教师在课堂教学中将尊重学习权益作为重要的关注点。

　　有位校长去听语文张老师的课，按照学校的课改模式，课堂上有教师和学生互问互答的环节。张老师提出一个问题，让同学们自由发言进行讨论，然后举手回答问题。有一个同学的观点与张老师的观点不太一致。张老师面露不悦，说："你根本没有听懂我的问题，坐下再想想。"这位同学小声说："我听懂了，您怎么总说我没听懂!"张老师没有理睬，就提问别的同学去了。

针对这一现象，校长在说课环节上，指出教师应当针对学生在课堂上的独特想法、观点和质疑进行回应，尊重学生的课堂表达权，这对于培养学生的批判性思维和创造性思维至关重要。《中华人民共和国未成年人保护法》第二十五条规定，学校应当全面贯彻国家教育方针，坚持立德树人，实施素质教育，提高教育质量，注重培养未成年学生认知能力、合作能力、创新能力和实践能力，促进未成年学生全面发展。

(二)尊重学生的作业选择权

学生天天写作业，其作业选择权应是学生个性发展权的重心。学生的作业选择权是指学生在作业难度和形式上有选择的权利。老师们每一天都给学生布置作业，从小学、初中到高中作业数量逐渐增加，但是始终存在作业形式单一、内容应用性不强以及作业缺少层次等问题。学生在学习基础、认知快慢等方面有较大差异，目前有的学校的作业布置还不能满足不同学生的需求，有的教师甚至针对学习困难学生，布置重复无效的惩罚性作业等。

　　【学生1】上自习课你想学一个东西，老师就不让你学，就让你学这个，就让你抄那个，有时候古诗都默写十多遍了，还让你抄，就不让你学别的，而且是再抄10遍。

　　【学生2】好词好句摘录，为什么必须是长句，老师要求必须有字数，短句也有好句呀，写得也很美。

以上访谈中两位学生的感受和想法，能够让我们进一步理解学生的作业选择权为什么重要，这是教育本质所要求的，落实学生主体地位，需要把学习的主动权交给学生，作业选择权是体现学生学习主体性的重要方面。那么，如何才能做到尊重学生的作业选择权？

第一，注重作业内容的开放性。重复机械的作业会影响学生的学习兴趣，限制学生的思维，而开放性的作业内容则能够体现出对学生作业选择权的尊重。比如有的优秀教师指导学生自编作业，然后在学生之间互换完成，增强了作业内容的开放性。

第二，注重作业形式的多样性。布置作业时，在内容确定的情况下，应当给学生留下形式上的选择空间。比如，整体设计综合实践作业的任务与流程，主题、内容和形式由学生自己来确定；提供系统的单元复习资料，引导学生选择自己喜欢的方式，如使用表格、文字、流程图、图画等完成复习任务。

第三，注重作业评价的多元化。作业评价是学生日常学习的指挥棒，多元的作业评价是学生享有作业选择权的重要保障。如果作业评价方式单一，只是对与错的评判、分数的高低，那么，学生完成作业的选择性思考和创造力就会大大减弱。学生主体性的发挥受到了阻碍，主体地位就不能获得充分保障。

(三)保障学生的资源使用权

学生天天使用教育教学资源，其资源使用权应是学生学习条件保障权的重心。法律规定学生有使用图书资料和各种教育教学设施的权利，学校需要为保障学生的资源使用权提供最大可能的帮助和支持。

第一，学校资源面向学生充分开放。学校图书馆、实验室、体育馆及相关图书资料、实验器材、文体器材应当向每位学生开放，而不是束之高阁。

　　某农村中学，库房里闲置了一架钢琴，因担心教学设备损坏而禁止学生使用，新任的Z校长决定把钢琴放在教学楼一层的大厅内，让会弹琴的学生在课间弹奏。有的教师担心学生们会把钢琴损坏。事实却证明，在校长的动员下，学生们对这个放置于公共场所的"神圣物件"尊重有加，每天带着欣赏的目光去轻轻触摸。

这是充分保障学生资源使用权的体现。

第二，指导学生行使资源使用权。在资源有限的情况下，学生的资源使用权会受到一定的限制，此时，校长和教师对学生的正确引导就非常重要。

某校教学楼的电梯数量有限，课间休息时，学生为了方便会与教师"争抢"电梯，以至于老师们挤不上去，影响到给另一个班上课。为了解决这个问题，校长强调了两点：一是无论是老师还是学生都可以使用学校的公共设施；二是在资源有限的情况下，应当将有限资源留给值得尊敬的人。

校长的指导促使学生们既明白了自己作为学校的主人翁，和教师一样具有使用学校公共设施和资源的权利，又明白了中国尊长敬师的优良传统，避免了学生行使权利的盲目性，明白了在资源有限的情况下，如何正确行使资源使用权。

第三，拓展学生的资源使用权。上文提到的两个故事，均是在资源有限的情况下，校长保障学生的资源使用权的方式方法。实践中，如果学校某项资源短缺，校长可以充分利用兄弟学校的优质教育资源或是周边的社会资源，为学生拓展更多的学习场所和资源，如博物馆、科技馆、文化馆、美术馆、体育馆等社会公共文化体育设施，以及历史文化古迹和革命纪念馆等，以满足学生多样化、个性化和更高层次的资源需求。

三、主要策略：制度、课程与评价

上文提及的三项权益重心，每项权益均有独特的保护策略和方法。作为教育意义上的学生权益保护，还有其共性的保护策略和方法，主要包括调整学校学生管理制度、建立丰富多样的校本课程和多元的学生评价制度等策略。

(一)完善学校的学生管理制度

学生管理制度的改进是一个不断协调学生与教师、学生与学校之间相互关系的过程。学校的某些学生管理规定，对学生的约束限制多于认同鼓励，往往以"不得、禁止、应当遵守"等词语来传递学校的要求，以"可以、享有、有权利"的语境来表达对学生权利的尊重却相对较少，师生民主平等的管理关系没有充分体现出来，直接影响到学生行使以课堂表达权、作业选择权、资源使用权为代表的一系列学生学习权益。改进学生管理制度，可以从调整和改进规定中的具体内容、表达方式等微观层面入手，引导干部和教师在日常教育教学和管理中，尊重教育意义上的学生学习权益，培养学生的权利主体意识，落实学生主体地位。在第四章如何改进学校规章制度中将进一步阐释更详细的内容。

（二）设计适合学生的校本课程

设计适合学生发展的校本课程是学生学习权益得以实现的重要策略。"课改的理念设计是为学生健全发展求自由、谋空间和争权利，力促学生作为权利主体的回归。"[①]校长可以围绕课程标准，设计适合不同层次学生参与的校本课程体系，尊重学生的差异，提供丰富的学习资源与渠道供学生自由选择；每一门校本课程的实施也需要分不同阶段、内容、层次与形式，给每个孩子选择社团活动类型、内容与活动的机会和可能。比如，舞蹈点儿踩不好，可以选择欣赏舞蹈，唱歌跑调，可以选择音乐欣赏，即让不擅长舞蹈、音乐的学生也能学习这类选修课，不能因为学生缺少某方面的艺术表现力，而限制学生欣赏美、追求艺术的权利。再如，上海市晋元高级中学通过设置"层、类、群"课程结构，为学生提供个性发展的课程选择。该校管理者认为"因能分层，因志分类，因趣分群"的套餐式课程是满足学生知识技能水平差异、理想志向差异、兴趣爱好差异的课程[②]，这是校本课程建设的范例，有效地保障了学生的学习权益。

（三）改进学业质量评价的方式

公正、多元评价学生学业是学生学习权益保护中的关键问题，评价影响着学生的学习质量、成长状态及在校的幸福感。好的评价方式让学生感受学习的快乐，体验到学习自由权和个性发展权的充分实现。

学生是正在成长中的人，每个学生的心理需求、知识兴趣、能力发展时

---

① 仲建维：《学生权利论》，20 页，上海，华东师范大学出版社，2009。

② 季洪旭：《课程选择与学生个性发展——上海市晋元高级中学 3.0 套餐式课程建构探索》，载《上海教育科研》，2019（2）。

时发生着变化，固定的、一刀裁的评价方式往往成为限制其学习自由与成长发展的因素。要真正实现对学生权利的尊重，需要在尊重差异中不断创新学生学业质量评价方式，切实保护学生学习权益。2020年10月，中共中央、国务院印发的《深化新时代教育评价改革总体方案》中指出，要改革学生评价，促进德智体美劳全面发展。坚持面向人人、因材施教、知行合一，坚决改变用分数给学生贴标签的做法，创新德智体美劳过程性评价办法，完善综合素质评价体系，切实引导学生坚定理想信念、厚植爱国主义情怀、加强品德修养、增长知识见识、培养奋斗精神、增强综合素质。

这一节主要阐释了学习权益的内涵和价值及保护中的问题与成因，在重点分析了学生的课堂表达权、作业选择权和资源使用权基础上，提出了制度、课程和评价三方面的保护策略。呵护学生学习权益的认识和行动，将推动教师教学行为、学校管理行为及学生学习方式发生深层变革，对促进教育公平、提升教育质量具有重要的实践价值。可以说，学生学习权益的充分实现，是当前学校课程改革和教育变革的一种内在价值诉求。

第三节　协同维护

学生保护是个系统、综合的工程，不是学校单方的责任和义务。《中华人民共和国未成年人保护法》第六条第二款明确规定，国家、社会、学校和家庭应当教育和帮助未成年人维护自身合法权益，增强自我保护的意识和能力；并以家庭保护、学校保护、社会保护、网络保护、政府保护和司法保护等专章，具体规定各方应尽的法定义务。本节主要阐明学校如何协同家庭、社会共同维护学生的各项权益。

一、学校保护：高标准＋全覆盖

在保护学生权利方面，由于学生在校期间学习、生活在学校里，学校一方面具有天然的保护优势，另一方面又承担着重大保护责任。学校对学生权利保护的要点是高标准和全覆盖，这主要体现在以下三个方面。

（一）生命健康权的高标准保护

生命健康权包括生命权和健康权，是人格权中第一位的权利，人格权是指做人的资格及尊严不受非法侵害的权利。《中华人民共和国民法典》第1002—1004条规定了公民享有生命权、身体权和健康权。① 生命权是自然人以其生命维持和安全利益为内容的人格权，而健康权是指自然人以其器官乃至整体的利益为内容的人格权。② 在学校实践中，学生生命健康受到伤害是学校最大最深的痛点，校园欺凌、运动伤害、打闹互伤、器材伤人、食物中毒、校车事故还时有发生，虽然有些伤害是意外事件，但是，学校任何小小的安全管理疏忽和漏洞都有可能给学生生命健康带来或显性或隐性的威胁。对于校长而言，维护学生生命健康权不仅仅是安全责任、管理义务，更是对生命的敬畏和对家庭幸福的守护。高标准保护具体表现在全方位、倾全力和主动担责三个方面。

第一，全方位维护学生生命健康。《中华人民共和国民法典》第1005条规定，自然人的生命权、身体权、健康权受到侵害或者处于其他危难情形的，负有法定救助义务的组织或者个人应当及时施救。《中小学幼儿园安全管理办法》和《学生伤害事故处理办法》规定了学校应当对在校学生进行必要的安全教育和自护自救教育；应当按照规定，建立健全安全制度，采取相应的管理措施，预防和消除教育教学环境中存在的安全隐患；当发生伤害事故时，应当及时采取措施，救助受伤害学生。在维护学生生命健康安全方面，无论是在日常教育管理过程中，还是在发生学生伤害事故后，均应当积极维护学生生命健康权。

第二，倾全力履行教育管理义务。按照《学生伤害事故处理办法》的规定，在学校实施的教育教学活动或者学校组织的校外活动中，以及在学校负有管理责任的校舍、场地、其他教育教学设施、生活设施内发生的，造成在校学生人身损害后果的事故中，学校存在教育管理过失的，应当依法承担相应法律责任。这意味着学校对学生生命健康的保护责任重大，不能有一丝一毫的含糊，唯有全方位、全覆盖、高标准的保护，才有可能避免管理过失。

---

① 《中华人民共和国民法典》规定的人格权有生命权、身体权、健康权、姓名权、名称权、肖像权、名誉权、荣誉权、隐私权等。

② 吴汉东：《法学通论》（第五版），258页，北京，北京大学出版社，2010。

第三，主动承担应有的法律责任。学生生命健康权是其他一切权利的根本，对维护者的要求自然就更加严格。有的校长认为："我知道学生在课间打闹发生伤害事故，学校会承担责任，但我总觉得学校不应当承担，尤其是小学高年级段的学生，学校还有必要课间总看着吗？再说学校那么多孩子，真的也看不过来呀，孩子们有个磕磕绊绊不是正常吗？"

这是校长在现实困境中出现的抱怨现象，而积极的、负责任的观点应当是这样的："学生在课间打闹发生伤害事故，由于发生在正常上学期间，学校可能会承担责任。如果结合学校实际和师生的特点，制定行之有效的课间管理制度和事故应急预案，并认真落实，加强对各年级段学生的教育、管理和保护，确保教育管理无过失，一来能够最大限度避免发生伤害事故；二来万一发生伤害事故，学校由于法定职责履行得好，也会减责或免责。如果没有履行完全的教育、管理和保护职责，存在过失，就应当主动承担责任。"

（二）基于学生差异的多元保护

法律规定的学生权利、教育意义上的学生权益和管理意义上的学生权利，对于不同学生来说，具有不同的维护方式。

第一，对于遵规守纪学生的权益保护。《中华人民共和国义务教育法》第二十九条规定，教师在教育教学中应当平等对待学生，关注学生的个体差异，因材施教，促进学生的充分发展。这是对教师的法定要求。具体来说，对于品学兼优的学生，其各项权利似乎顺理成章能够得到保护；对于有一技之长的学生，学校和教师也能够尊重学生的优势和特长；对于品德有缺陷、学习有困难的学生，则需要学校特别注意依法依规进行保护。《中华人民共和国未成年人保护法》第二十九条规定，学校应当关心、爱护未成年学生，不得因家庭、身体、心理、学习能力等情况歧视学生。对家庭困难、身心有障碍的学生，应当提供关爱；对行为异常、学习有困难的学生，应当耐心帮助。

第二，对于违反校规校纪学生的权益保护。学校给予违反校规校纪学生纪律处分时，也要以育人为目的，注重保护他们的合法权益，慎重考虑以下方面：一是学生所犯的错误是不是非常严重，是不是必须给予纪律处分；二是学校事先有没有关于学生违纪的纪律处分规定；三是这些纪律处分规定有没有向全校学生和家长公布或公示过；四是学校在纪律处分前，有没有口头告知家长和学生即将受到处分；五是学校在作出纪律处分决定前，有没有给学生和家长申辩的机会，有没有给予耐心的解释和回应。

另外，家长如果不同意学校的处分，可以采取如下办法：一是为了保留证据，建议学校与家长协商，请家长以书面的方式向学校提出不服学校纪律处分的理由。《中华人民共和国教育法》第四十三条规定，受教育者享有对学校给予的处分不服向有关部门提出申诉的权利。二是学校领导班子共同商量家长申诉理由是否成立，由学校领导班子依据学校的处分规定，共同决定是否给予学生纪律处分，并给家长书面答复和解释。学校有权根据国家有关学生奖励、处分的规定，结合本校实际，制定具体的奖励与处分办法。三是如果家长还不配合的话，而学校也已经考虑到，并经过了以上所列的各项程序，最好找与家长认识的人进行居间协调。第四，以促进学生成长为目的，寻找学生佩服的人或者其他合适的人，与犯错的学生进行进一步沟通，直至取得好的教育效果。

总之，无论是对品学兼优的学生，还是对违反学校纪律的学生，学校均应当保障其人身权、财产权和受教育权不受非法侵害，杜绝体罚或者变相体罚、限制人身自由或侵犯人格尊严，实现基于学生差异给予多元保护的目的。

(三)保护每位学生的每项权利

每位学生的每项权利都应当获得学校保护，这是对学生保护工作的高要求。上文提到学生的权利内容丰富多样，维护好每位学生的每项权利是对学校日常管理的挑战。主要有两点建议：

第一，把握未成年人工作原则。《中华人民共和国未成年人保护法》规定，保护未成年人，应当坚持最有利于未成年人的原则，包括给予未成年人特殊、优先保护，尊重未成年人人格尊严，保护未成年人隐私权和个人信息，适应未成年人身心健康发展的规律和特点，听取未成年人的意见，保护与教育相结合等。

第二，建立健全校内学生权利救济机制。学生校内申诉制度的建立一直是权利救济的重要方式，学校应当积极建立健全学生权利救济机制，使每位学生的每项权利有救济的渠道和途径。这是尊崇法律、尊重权利的具体表现。建立健全了救济机制后，对于学生与学校发生的争议，学校应当积极依据校内申诉程序，解决纠纷、处理申诉案件时，应当做到事实清楚、定性准确、依据充分、程序正当，保证公平公正和教育效果。

二、家校合作：善引导＋勤沟通

家校合作育人是学校与家长共同承担学生成长责任的育人方式。家庭教育是学生成长中的关键要素，好的家庭教育关注学生的生理、心理状况和行为习惯，以健康的思想、良好的品行和正确的方法教育和影响学生，引导学生成长为德、智、体、美、劳全面发展的人。好的学校教育与好的家庭教育要实现珠联璧合，需要校长主动作为，做好以下三方面工作。

（一）引导家长与学校密切合作

《中华人民共和国未成年人保护法》第十五条规定，未成年人的父母或者其他监护人应当学习家庭教育知识，接受家庭教育指导，创造良好、和睦、文明的家庭环境。家长是影响学生成长的最密切相关人，有的家长望子成龙之心非常急切，又迫于成人社会的面子压力，对学生学习的关心程度远远超过对其品性、心理的关怀，不能以正确的教育观引导学生成长。面对这种情况，校长就需要引导家长理解育人为本的理念和教育方式，引导家长与学校达成观念共识、密切合作，明确学生的学习目标不是分数、升学、文凭、论文、帽子，而是为了健康成长，服务国家和社会，更加幸福地生活。

（二）为家长提供家庭教育指导

《中小学德育工作指南》提出加强家庭教育指导。统筹家长委员会、家长学校、家长会、家访、家长开放日、家长接待日等各种家校沟通渠道，丰富学校指导服务内容，及时了解、沟通和反馈学生思想状况和行为表现，认真听取家长对学校的意见和建议，促进家长了解学校办学理念、教育教学改进措施，帮助家长提高家教水平。

家访是提供家庭教育指导的重要方式，对于一个正在成长中的学生来说，老师通过家访所发现的成长问题，远远比在办公室与家长远程联系所发现的问题更真实，提出的对策和建议也更有教育和指导意义。现代社会联系方式便捷、多样，教师与家长的沟通多是通过微信、电话等方式进行的。大家不见面，也确实能够沟通很多事情，但是全面了解学生的现状及进行深度的情感沟通却不及家访那样有效。当然，并不是要求教师对每个学生进行家访，而是至少要对有特殊情况的学生进行家访，以便更直接地为家长提供家庭教育指导，共同促进学生健康成长。

(三)网络沟通中尊重家长权利

在网络时代，短信、微信联络已成为一种便捷的家校沟通方式，每天都有大量信息从校园飞向社会，从学校发送给家长。这些信息每时每刻从不同侧面、不同角度向社会传达着学校的育人能力、管理水平、教师素质与学校文化，俨然是学校教育教学与管理现状的一个缩影。实践中，这些来自学校的信息存在以下误区：一是重智育、轻德育。不少教师多是发送孩子学习方面的信息，却很少把孩子在学校的道德品行告知家长。二是重要求、轻指导。不少教师多是要求家长配合辅导作业，却较少给予家长教育和辅导方法。三是重效率、欠严谨。教师们多是写一条信息，群发给家长，短信内容存在随意性，有的教师给家长发短信，从来没有用过"您"字，还出现错别字，把"你"写成"尔"，也从没有更正过。这些沟通误区会影响到家校合作关系。因此，校长应当注重引导教师们在日常的网络沟通中更加严谨，注意尊重家长的权利，用心指导而不是发出指令。

三、社区协作：真作为＋建机制

学校协同社会保护学生的权利是拓宽教育渠道的重要方式。校长需要以开放的姿态和实际的作为，积极寻求合作方式，共同解决教育管理中的问题，形成学校和社区共同保护学生权益的机制。

(一)以开放的姿态参与社区共治

中小学校应积极探索扩大社会参与学校办学与管理的渠道与方式，加强与所在社区的合作，创造条件开放教育资源和公共设施，参与社区建设；呼吁社区在服务居民的同时，把教育提到重要的位置上。《义务教育学校管理标准》也指出要引入社会和利益相关者的监督，密切学校与社区联系，促进社区代表参与学校治理；主动争取社会资源和社会力量支持学校改革发展；有条件的学校可将体育文化设施在课后和节假日对本校师生和所在社区居民有序开放。目前，社区对学生的教育正在持续改善，如有的小区与学校合作，利用暑假学生回社区，组织学生进行义务劳动、举办文艺体育活动，还有的学校邀请就近派出所的所长进行法制教育，面向孩子们进行普法宣传，发挥了很好的育人作用。

（二）以实际的作为参与社区共育

学校与社区携手共建育人的空间，应当落在实处，如在节假日组织评选社区文明小使者，开展丰富多彩、有教育意义的活动，对学生进行专题教育等。虽然社区学生的流动性大，难以形成统一的规范要求和管理，但是可以形成育人的氛围，还可以与学校共同解决学生问题。

> 某校学生放学之后在小区玩耍时，将社区宣传栏展板损坏。社区工作人员根据学生所穿校服，向街道办事处领导反映情况，街道办事处领导找到校长，学校积极协助社区进行调查，联系家长，做学生和家长的思想教育工作，学生家长由不认可到最终按社区提的要求进行了赔偿。

本案例虽然是学生在离校期间发生在社区的事，应由社区专干和家长直接沟通解决。但是，当社区找到学校时，校长依旧积极支持配合，以实际行动与社区协同解决问题，共育正在成长中的学生。

（三）与社区合作共建制度机制

学校应当积极健全社会参与机制，完善与社区合作共建育人的制度、机制。例如，健全学校和社区安全管理机制，建立定期合作开展系列主题教育的相关制度，完善兼职法制副校长评聘机制等，扩大与社区合作的广度与深度，让学校成为家长与社区的中介和桥梁，三方共同承担培养学生的责任和使命。

最后，总结本章内容。关于如何保护学生合法权益的问题，本章主要从正确保护是基础、重点呵护是关键、协同保护是保障三个方面提出了建议。正确保护应有多维的认知视角、育人为本的理念和管理技巧与艺术；重点呵护是专门针对学习权益而言的，因为实践中对此项权益的忽视比较隐性，需要特别指出并以专业的视角去审视和关注；协同维护是以学校保护为轴心，重点说明学校如何协同家庭和社区更好地维护学生的各项权益。这些建议均是抛砖引玉，实践中，校长只要坚持把学生作为权利主体来关照，就会有更多、更好的学生合法权益保护的思考与行动。

第三章　如何引领教师依法治校

　　伴随我国法治建设进程持续加速，近年来，我们在日常社会生活中，清晰地感受到身边的人在更多地追求公正、平等、自由，在主张权利、张扬个性，在谈论规则、秩序与责任。教师应当在法治实践中走在前列，在教育管理中要站得更高，看得更清，做得更有智慧，不仅依法执教，为人师表，公正平等地对待每位学生和家长，尊重

这份方案经过充分研讨达成共识！

图 3-1

学生的权利，而且应积极、主动地参与学校内部事务的管理，提高参与学校管理的意识和能力。

教师的依法治校能力是成功践行依法治校的纽带，校长通过教师来传递法治理念，营造法治氛围。为了更好地践行依法治校，需要学校释放和拓展教师在学校治理中的作用，教师不仅承担依法执教的职责，而且肩负民主参与学校管理的重任。这对于教师来说是不小的挑战，需要校长的引领与支持。

引领教师依法治校是校长践行依法治校的重要组成部分。引领是带动事物跟随他或他们向某一方向运动和发展，践行依法治校不是校长单打独斗，而是引领教师共同践行。教师依法治校是教师依据法律法规履行教书育人职责以及参与学校管理的行动。校长可以从引领学习、指导实践和行为示范三个方面来进行。

第一节　引领学习

引领学习是校长引领教师依法治校的前提性因素。教师要具备依法执教的能力和民主参与的意识就需要学习法治常识和教育法规政策。在理想状态下，教师的学习是自觉、主动而积极的，但是，要求每位教师自主、系统学习不太现实，此种情形下，校长引领教师学习就显得尤为重要。

一、澄清认识：达成法治共识

引领教师依法治校从引领教师对依法治校的认识开始。引领认识是与教师形成共同的依法治校理念，帮助教师准确认识法治内涵，理解依法执教的多重价值，最终达成"教师是学校重要管理主体"的共识。

（一）形成共同的依法治校理念

在学校中，并非所有教师都具有正确的法治理念，校长有责任结合学校实际，针对教师认识上的误区，澄清彼此应当共有的法治理念，即民主法治、自由平等、公平正义的社会主义法治理念。

第一，共同秉持民主法治理念。有的教师用刀和枪来形容对法治的感受，认为法治就是威慑和惩罚，没有民主空间，这将影响到教师依法管理学生时的观念和行为。依法治校不仅应当注重行为底线，同时应当注重管理中的民主，处理好民主与法治的关系。

第二，共同秉持自由平等理念。有的教师以尖锐三棱形代表法治，认为法治就是强制，限制人的自由，对法治保护自由和平等的价值缺少认识。这将影响到教师教育学生的观念和态度。依法治校不是限制人的自由，而是扩大和保护人的自由。

第三，共同秉持公平正义理念。还有的教师用天平来代表法治，这是探寻到了法治的价值追求，即公平正义，这样的认识有益于与校长达成法治共识，共同践行依法治校。

（二）理解依法执教的多重价值

校长与教师形成了共同的法治理念之后，还需要引领教师理解依法执教的多重意义，用心领悟法律赋予自身的权利和义务，深层透视教育的职责和使命。

第一，依法执教具有育人的价值。依法执教和管理育人是同步进行的，不要把依法执教当作教育教学之外的行政任务。教师在教育教学及管理过程中依法执教，培育学生的法治精神和现代公民意识，就是育人价值的具体体现。

第二，依法执教具有提升教育管理能力的价值。通过学习教育法律法规，教师能够熟知自身与学校、学生、家长之间的权利义务关系；能够提高在教学管理中依法行使权利和履行义务的能力；能够提高预防、应对和处理教育纠纷的能力以及对常见法律现象的是非甄别能力。

第三，依法执教具有保护自身合法权益的价值。依法执教不仅仅是在规范教师的教育和管理行为，更重要的是保护教师自身的合法权益。特别是在处理棘手的学生问题时，依法依规是对教师教育教学权等法定权利的最好保护。

（三）认同教师是学校的管理者

现代学校治理背景下，多元主体参与共治是依法治校的题中之义。校长是学校的管理者，教师同样是学校的管理者。在多所学校调研干部教师同一个问题："您认同学校每位教师都是管理者吗？"所有参与调研者都会选择认同，主要有两个理由。

第一，没有教师就没有真正的学校管理。学生的成长依靠教师管理，校长领导学校发展离不开教师参与管理，校长的办学思想和管理理念要靠教师落实在日常教育管理中。因此，如果没有教师的参与，就没有真正的管理发生。

第二，教师参与管理的质量影响学校管理的总体质量。校长在依法治校过程中，落实教师主体地位的重要体现即教师参与学校管理，教师的知情权、参与权、监督权发挥得如何，参与管理的质量和效果如何，直接关系到学校各项规章制度的落实和教育教学任务的完成质量。

二、抓住要领：加深法治理解

教师应当学习的法律法规和规章政策内容很多，包括《中华人民共和国宪法》《中华人民共和国民法典》《中华人民共和国教育法》《中华人民共和国义务教育法》《中华人民共和国教师法》《中华人民共和国未成年人保护法》《中华人民共和国预防未成年人犯罪法》《学生伤害事故处理办法》《中小学幼儿园安全管理办法》等。教师不是法律专业人才，而且每天教育教学任务很重，如何才能有效学习基本的法律法规？概言之，有效学习不在多，而在精；不在泛泛了解，而在抓住要领，加深法治理解。这样教师方能更好地依法执教和参与学校管理。

(一) 把握三类主体的权利义务

在学习众多的法律法规时，教师应当避免面面俱到，牢牢把握住学校、教师和学生三类主体的权利和义务，它们与教师的教育生活和管理生活密切相关。三类主体的权利和义务内容如表 3-1 所示。

表 3-1　学校、教师、学生的权利和义务对比图

学校的权利和义务 （《教育法》第二十九条、第三十条）	教师的权利和义务 （《教师法》第七条、第八条）	学生的权利和义务 （《教育法》第四十三条、第四十四条）
学校权利：按照章程自主管理；组织实施教育教学活动；招收和管理学生；聘任和管理教师；拒绝非法干涉教育教学活动	教师权利：教育教学活动权；科学研究权；指导评价权；获得工资报酬权；民主管理权；参加培训权	学生权利：参加教育教学活动权；教育教学设施设备使用权；获得公正评价权；获得"三金"的权利；申诉起诉权

续表

学校的权利和义务 (《教育法》第二十九条、第三十条)	教师的权利和义务 (《教师法》第七条、第八条)	学生的权利和义务 (《教育法》第四十三条、第四十四条)
学校义务：遵守法律法规；贯彻教育方针，保证教学质量；保护师生合法权益；服务学生；财务公开，依法接受监督	教师义务：遵守法律法规，为人师表；贯彻教育方针，履行教育任务；教育、管理和保护学生；帮助学生远离危险；提升政治和业务水平	学生义务：遵守法律法规；遵守学生行为规范；努力学习，完成学习任务；遵守所在学校管理制度

为了把握好三类主体之间的权利义务关系，我们可以从教师自身的权利和义务关系出发，进行以下三个方面的思考和理解。

第一，学校、教师和学生三者的权利是相互制约的。教师有教育教学权和指导评价学生的权利，但权利是有限制的。以教师权利为原点，教师有自主备课、上课、布置批改作业的权利，而学校有组织实施教育教学活动的权利，学生有参与教育教学活动的权利；教师有指导评价学生的权利，以高尚的师德和优秀的专业水准指导并评价学生的日常品行和学业，而学校有管理教师的权利，学生有获得公正评价的权利。

第二，学校、教师与学生三者的义务是互为条件的。教师有教育、管理和保护学生的义务，但义务是有条件的。以教师义务为原点，教师通过宽严并济，正面教育、负面惩戒相结合的方式教育和管理学生，在学生生命、身体、健康安全受到威胁的情形下，应当保护学生，比如出现疾病、安全事故时的紧急救护等。同时，教师履行这些义务是有条件的，那就是要求学校履行"保护教师合法权益"的义务，要求学生履行"遵守行为规范和努力学习"的义务。

第三，教师的权利和义务是相统一的。从教师权利与义务的关系上来说，教师享有合法权益，同时履行相应法定义务。忽视或是过度强调权利或义务中的任何一项，都与法治常识相违背。只强调教师义务，却侵犯教师合法权益的行为，或是教师只主张权利，不履行义务的行为均是不正确的。

(二)理解法条之间的融通关系

教师学习法律法规需要摒弃"记法条等于学法"的认知误区，需要辩证理解法律法规条文背后的意义。识记教育法律法规中的重点法条是必要的，但提升法治素养和能力不是靠机械记忆，而是依靠辩证地理解法条的内容及法条之间的相互融通关系，进而把握法治的精髓和要义。

以对"教师有进修培训权"的理解为例，一种观点认为"我的权利我可以放弃"，不愿意参加培训学习，但是《中华人民共和国教师法》第八条第六款同时规定了教师有义务不断提高思想政治觉悟和教育教学水平。另一种观点认为"我的权利我可以随便行使"，主张带薪脱产培训，但是，《中华人民共和国教师法》第八条第一、二款同时规定了教师遵守职业道德和完成教育教学任务的义务。

这是权利和义务的联系，也即法规条文之间具有的融通关系，法律赋予教师各项权利的同时，规定了教师必须履行的义务。唯有理解此种相互关系，才能引领教师正确地依法依规分析实际问题，真正提升自我权利认知和依法治校能力。

（三）加强学习教育政策的力度

加强学习教育政策的力度，是加深法治理解的重要策略。有的校长不太注重引导教师学习教育政策，这样容易出现不符合当前政策形势和要求的教育管理问题。伴随教育综合改革深入推进，教育政策出台较为频繁，学习教育法规的范围需要从窄到宽拓展，既包括与学校相关的外部法规，也包括学校内部规章制度，教育政策也囊括在内，这有助于提升教师的政策意识和依法依规管理的能力。教师们如何有效学习教育政策，可以把握如下的"三追"策略。

一是追方向。教师在学习教育政策时，应注意追随政策方向，而不是追数量。比如，《国务院关于加强教师队伍建设的意见》及《加强和改进新时代师德师风建设的意见》的出台，表明教育行政部门和学校将在一段时间内，特别关注和强调教师的师德建设。教师可以利用这一契机，提升自己的师德修养。

二是追最新。教师在学习教育政策时，应注意把握最新出台的政策文件。比如登录教育部的网站去查看最新出台的教育政策，这是政策的风向标，意味着省级、市级、县级即将要层层落实这些文件了。与教师相关的最新的、方向性的规则要求，学校应当及时向教师们传达和宣讲，将其贯彻在学校的内部规则中加深理解。如果教师们不及时了解，就很难在学校落实；即使了解了，如果不能准确、真正理解它的价值所在，也无法有效落实。

三是追最密。教师在学习教育政策时，应注意把握与基础教育密切相关的政策条款。有的教师认为教育政策与自己相距很远，自己的教学技能、方法和艺术与教育政策没有太大关系，事实上，随着教育政策越来越接地气，指导性要求越来越明确，与教师日常教学密切相关的政策不在少数。例如，2018年教育部等九个部门联合发布的《中小学生减负措施》中，规定学校不得随意提高教学难度和加快教学进度，杜绝"非零起点"教学。再如，2021年教育部等六部门出台了《义务教育质量评价指南》，指出学校要加强作业、睡眠、手机、读物、体质五项管理。教育部还发布了《关于加强义务教育学校作业管理的通知》《关于进一步加强中小学生睡眠管理工作的通知》《关于加强中小学生手机管理工作的通知》《中小学生课外读物进校园管理办法》《关于进一步加强中小学生体质健康管理工作的通知》五项具体管理文件，全面、细致地规定了学生作业的总量和质量、学生的睡眠时间、手机的学校日常管理、课外读物规范、体育与健康课程等。这些政策中涉及的具体内容与教育教学行为密切相关，教师应当实实在在重点掌握和落实，如此才能真正做到依法执教。

三、形成机制：保障学习效果

为切实提高全体教职员工依法实施教育教学活动、参与学校管理的能力，校长在引领学习过程中，需要通过建立保障学习效果的学习机制，包括学习组织机制、学习运作机制和学习动力机制三类。

(一)基于"T＋T"的组织机制

学习组织机制是有计划、有目的地组织教师系统、持续、深入学习国家教育方针政策和教育管理中必备法律法规的保障。S学校持续开展了一个学期的教育法规校本培训学习，形成了"T＋T"学习机制。第一个"T"是时间(Time)，每周固定周三或周五开展依法治校专题讲座。第二个"T"是主题(Topic)，每次围绕不同的主题组织培训学习。有时校长亲自开展普法讲座，以案件说法；有时基于观察到的教师日常管理行为中的问题，与教师们分享对策；有时学校聘请法律顾问，帮助教师从专业角度保护自身权利和学生权利；有时组织开展法律实践观摩活动。经过半年的学习，教师们的反馈良好，取得了以下实践效果。

第一，加深了法治认识和理解。有的教师认为，通过学习，明确了法是什么，怎么依法管理，依据什么法管理等基础知识，还知道了教育领域有各层各类法律，比如基础的应该是《中华人民共和国宪法》，然后有《中华人民共和国教师法》《中华人民共和国未成年人保护法》等。教师的说法朴素、真实，体现出对法治本身的进一步认识和理解。

第二，认识到法治的实践价值。有的教师认为，在教育教学中有很多"法"可以帮助自己去完成工作，做什么事情之前都要有一个完整系统的规划与制度，用制度来衡量每件事情，做到有"法"可依，这样才能在做事时，避免受到太多阻碍。

第三，拓展了管理思路和方式。有的教师认为，从教育法律、法规、制度等层面，加强了对依法治校的宏观认识，给自己今后的工作提供了新的方式、方法和途径；对学生的教育和批评，要从学校管理规定中找到依据，这样才更有说服力，让学生心服口服。

第四，提升了工作质量和效率。有的中层管理者还利用所学的法治知识和方法，结合自己分管的信息管理工作，尝试建立和完善《网络信息管理制度》《信息管理及发布制度》《学校计算机房管理制度》等一系列制度，并在实际工作中依规管理，使得管理工作更加规范，还提高了工作效率和质量，同时感受到领导和同事更加认同自己的管理工作了。

(二)基于学习圈的运作机制

成人教育学之父诺尔斯认为，成人学习具有自主独立、经验学习、解决问题、完善社会角色等特点。基于学习圈的学习运作机制是指符合成人学习规律和特点的一系列学习原则、学习环节和学习方法之间的互动关系和运作方式。依法治校方面的学习要想真正取得效果，需要有内在的符合成人学习特点的运作机制，因此，在引领教师学习教育法规政策的过程中，引入库伯"学习圈"理论。这一理论认为，成人学习的起点是经验，从具体经验出发，经过反思性观察、抽象概念化，对经验进行再造基础上积极投入改进实践的活动中去，使实践更理性、有序，更有价值和意义，最后返回到再一次的具体经验中，开始下一轮的学习与实践循环，如图3-2所示。

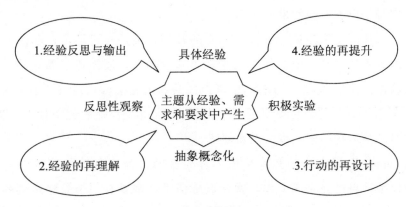

图 3-2　基于学习圈的运作机制

基于学习圈的运作机制是在主题带动下,通过实践经验呈现、集中理论学习、专项行动改进、经验梳理提升四个步骤完成一轮学习,这样的机制适用于持续的滚动式学习和改进。

第一步是实践经验呈现,即经验反思与输出。组织教师们谈论对依法治校的理解和体会,反思在依法治校过程中的经验、困惑与实践问题。

第二步是集中理论学习,即经验的再理解。开展集中理论学习 2～3 天,在专家点拨和同伴互动中,围绕法治实践问题,进行案例学习和专题研讨,重新理解自身经验,进行有针对性的、持续的法治知识学习。

第三步是专项行动改进,即行动的再设计。带着所学知识和对实践经验的再理解,再次研讨实践中的法治问题,修正行动设计方案,然后再次返回学校中进行法治实践。

第四步是经验梳理提升,即经验的再提升。经过一段时间后,再次进行反思和经验梳理提升,使得行动更加理性、更有意义,切实提高教师依法实施教育教学活动、参与学校管理的能力。

(三)基于问题解决的动力机制

学习动力机制是促进教师主动学习教育法规政策的源头性机制,问题是激发教师主动学习的良机。为了解决学习动力问题,要引入问题为本的理论,建立起基于问题解决的动力机制,即以实践情境中的问题及其解决为基点,设计内容、策略与资源,在实施中引导教师发现、界定、分析和解决问题,增强教师自主学习法治知识和改进法治实践的兴趣,进而建立一种教师依法依规解决实际问题能力的动力机制。

这一机制的运作体现为三步骤、四环节、五措施，三步骤即选取与描述问题、解决与反思问题、行动评价与反馈；四环节即围绕问题的前置学习、明确问题的分组学习、解决问题的展示交流、针对问题解决的实践反思；五措施即研讨问题过程中的角色澄清、经验呈现、观点发布、质疑评论和共同总结。① 实践表明，这一动力机制，在提升教师学习教育法规政策的效果方面，具有积极的影响和作用。

最后，总结本节内容。在学校内部管理中，引领教师依法治校的根基在于与教师达成法治共识，形成共同的法治理念，进而指导教师抓住要领，加深法治理解，把握与教师法治实践密切相关的法规条文背后的意义；同时，通过"T＋T"组织机制、基于学习圈的运作机制和基于问题解决的动力机制三者的相互结合，保障校长引领学习的效果。校长也可以将这三种学习机制迁移至学校其他团体学习活动中，相信也会有不错的效果。

第二节　指导实践

指导实践是校长引领依法治校的关键性因素。在法治时代背景下，每个人都在追求公正、平等和自由，每个人都更讲规则和秩序，主张权利、张扬个性，教师们感受到与学生和家长相处的过程中增添了一些新的挑战，尤其教龄长的老师们能够清晰地感受到近年来学生的变化、家长的变化和学校管理的变化。教师每天在教育教学管理一线，面对新的挑战和变化有时会迷茫、不知所措，校长有责任和使命指导教师更加顺利地开展法治实践。以下主要从如何管理学生、如何沟通家长、如何参与管理三个方面指导教师践行依法治校。

一、管理学生：慎重行使权利

慎重行使权利主要是指慎重行使教育惩戒权。2019 年 11 月，教育部发布了《中小学教师实施教育惩戒规则（征求意见稿）》，指出教育惩戒是教师履行

① 刘晓英：《对话式教学在校长培训课堂上的运用——以教育法规课为例》，载《继续教育》，2015(1)。

教育教学职责的必要手段和法定职权，针对长期以来教师对学生"不敢管、不想管"或体罚等过度惩戒的问题，明确了可操作的具体惩罚措施，比如适当增加运动量、教室内站立、面壁反省、暂停或限制学生参与特定活动、承担校内公共服务、隔离反省、责令家长陪读等。这表明教师在教育管理学生过程中，具有了明确的教育惩戒权。对于教师来说，这既是好消息，又是高要求，实践情境复杂多样。教育惩戒权需要慎重行使，主要体现为以下三个方面。

（一）行使权利时坚守法律底线

《中华人民共和国教师法》第三十七条规定，教师有下列情形之一的，由所在学校、其他教育机构或者教育行政部门给予行政处分或者解聘：（1）故意不完成教育教学任务给教育教学工作造成损失的；（2）体罚学生，经教育不改的；（3）品行不良、侮辱学生，影响恶劣的。教师有前款第（2）项、第（3）项所列情形之一，情节严重，构成犯罪的，依法追究刑事责任。那么，如何在行使权利时，做到坚守法律底线呢？

首先，理性控制情绪是第一要务。依法治校是一种理性的治理方式，面对学生成长中的错误行为，需要教师控制情绪，别冲动。

　　某中学一位英语教师，因为一名女学生没完成作业，还故意顶撞她，盛怒之下，一边教训学生，一边用书和卷起的试卷抽打学生。班里另外一名学生拍下了这个场景，发到网上，在社会上造成了非常不好的影响。

这实在令人痛心和惋惜，该教师十几年的辛勤付出和良好口碑，毁于情绪失控。法治时代是讲证据、讲责任承担的时代，法律规定了不能体罚学生，很多人也都看到了体罚学生的视频，证据确凿的违法违规就应承担相应责任和不利后果。教师在与学生相处和沟通时，要避免过激的言行反应。理性控制情绪是一种能力，更是一种专业智慧。

第二，杜绝体罚和变相体罚。在教育管理实践中，教师纵有一万个理由想要严厉地惩戒学生，也一定要杜绝体罚和变相体罚，这是惩戒的底线。

体罚，是指成年人（如父母或教师）对于小孩身体使用的惩罚，其严厉性从打手心到打屁股不等，是为惩罚某人亲自或指使他人以暴力方式接触被罚人身体的惩罚。

　　某小学一位数学老师，检查班里的作业发现有人没交，让学生主动承认，却没有人站出来。查了一下发现，小武同学没交，询问之后，知道他压根儿没写作业。数学老师非常气愤，一脚踢向了小武的肚子。小武同学倒地不起，及时送往医院后确诊为脾脏出血，需要手术。

这是体罚引发的严重的学生伤害案件，这位数学教师被停课接受调查，承担了相应的民事和刑事责任。

变相体罚就是没有接触被罚人身体，但以非人道方式迫使被罚人做出某些行为，使其身体或精神上感到痛苦的惩罚形式，如责令学生当众抽打自己耳光，强迫学生在烈日下长时间站立、跑步；当众罚跪、过多罚下蹲等。变相体罚经教育不改，影响恶劣的，要承担法律责任。

　　某小学老师要求三个小学生脱了裤子在操场上跑步并拍摄了照片，原因是当时面临街道组织的拼音统考，这三个学生在课堂上吵闹，还在抽屉里折飞机，成绩不理想。该小学校长向记者证实确有此事发生，表示该老师已经几次提出辞职，并且在全体教师会议上做了深刻检讨，学校也对她进行了严肃的教育，校长希望社会能谅解这位老师。

这样的惩戒是典型的变相体罚行为，突破了法律和道德的底线。《中华人民共和国未成年人保护法》规定，学校、幼儿园的教职员工，应当尊重未成年人的人格尊严，不得对未成年学生和儿童实行体罚、变相体罚或者其他侮辱人格尊严的行为。

第三，慎重管理学生的财产。教师在行使权利时，不仅应当保护好学生的生命健康、人格尊严等最基本的权利，而且应当慎重对待学生个人私有财产。学校虽然有监管学生手机、平板电脑等贵重个人财产的权利，但是，为了规范学习秩序的需要而采取强制措施，搜查、扣押学生的电子产品，甚至有当众摔毁学生手机等行为，均是无视财产权的存在，侵犯了学生的财产权。十三届全国人大三次会议审议通过的《中华人民共和国民法典》于 2021 年 1 月 1 日正式实施，更是标志着我国法律对私权利的保护上了一个新的台阶。学生的财产权作为重要的私权利，如何获得更好的保护，需要教师在管理时慎重思考和对待。

(二)教育惩戒时保持公平公正

中国教育科学研究院 2014 年度公益金项目"义务教育阶段教师公正调查研究"结果显示：在对教师最应该具备的职业品格调查中，78.3％的学生和 68.2％的学生家长认为公正是教师最应具备的职业品格，远远高于教育技能、无私奉献的品格、积极乐观的态度和渊博的知识等指标。① "老师必须维持教室里的秩序，但千万别忘记纪律的基本真理：老师可以严格，但不公平的老师会被学生看不起。只要孩子们看见你赏罚不公，你就失去人心了。"②教师在管理学生过程中，最需要注重的是公平公正地对待学生。

第一，有错才有惩戒。一个学生只有在成长过程中犯了错，才应当承担不利后果，也就是只为自己的错误承担责任，而不应当受到团队其他人的牵连。有的学校为了培养学生的小组合作意识和团队精神，如果小组中有一名学生违反纪律，组内其他学生都要受到集体劳动、延迟放学等惩戒，这种惩戒对犯错学生是合理的，但是对于其他学生来说，就是一种不公正的管理方式。"这些年来，我从孩子们那儿听到的最不公平、最不合逻辑的处罚通常是这样的：因为某个孩子在教室里捣蛋，所以老师就决定下午全班都不准打棒球。孩子们默默接受了处罚，但私底下却恨死了。"③可以说，学生私底下不服老师，其中重要的原因是教师不公正的惩戒行为。

第二，惩戒要合乎育人逻辑。"合理的惩罚应被看作教师对学生的善意、

---

① 高慧斌：《一项基于中小学教师公正的调查研究显示——80％的学生认为老师处事公正》，载《中国教育报》，2015-11-09。

② ［美］雷夫·艾斯奎斯：《第 56 号教室的奇迹——让孩子变成爱学习的天使》，8 页，北京，光明日报出版社，2014。

③ 同上书。

爱和尊重。"①针对某位学生做错某件事，要采用合乎逻辑的教育惩戒，而不牵连到别的事情上去。一个学生没有完成背诵作业，如果老师因此让学生去打扫班级卫生，就是不合逻辑的惩戒，因为在打扫卫生和完成作业之间没有任何逻辑关系；如果老师要求学生再抄写一遍背诵材料，继续完成背诵作业，就是合乎逻辑的，因为抄写材料有助于学生完成背诵任务。总之，在教育管理学生过程中，教师出于恨铁不成钢的心情也罢，急于求成帮助学生进步的动机也罢，其管理行为都应当合乎育人的逻辑。

第三，管理要注重程序。程序是保证每位学生的权利获得公平公正对待的保障，是对教师依法管理权力的限制。

　　某中学初一年级班主任张老师在看了学生的信息登记表后，指定曾经在小学担任过班长的小明当班长。小明履职半个多月，班里学生意见很大，向张老师反映小明看不起人，课上还随意与周围同学说话等。张老师经过再三思考和认真准备后，首先与小明沟通，解释清楚他只是代理班长；然后，利用一次班会时间，开展了竞选班长活动。小芳有当班长的意愿，并且平时的综合表现符合竞选班长的要求，全班有80%以上的同学投了小芳的票，她顺利当选班长，而小明只获得5%左右的赞成票，班长没选上，他心里不舒服，但也接受了这个事实。

本案例中，张老师在选班长这件事情上，前后采取了"指定"和"选举"两种不同程序，产生了截然不同的效果。公平、公开、公正的选举程序，为每位同学提供了平等的竞选机会和参与班级管理的平台，由选举产生班长体现了班级全体同学的整体愿望，这是程序对公平公正的保障。

(三)日常管理中以育人为目的

《中华人民共和国教师法》第三条规定："教师是履行教育教学职责的专业人员，承担教书育人，培养社会主义事业建设者和接班人、提高民族素质的使命。"上文提到教师依法执教具有育人的价值，教师在行使教育惩戒权时，

_____

① 《论惩戒的教育意义：如果没有要求，那就不可能有教育》，人民教育微信公众号，2019-08-05。

同样应当以育人为目的。

> 某小学三年级的学生小 Y 从家里偷拿了好多笔，向同学炫耀，结果有的同学和老师说了，老师就怀疑他偷东西，在办公室里私下质问他，最近班里有同学丢的笔，是不是他偷的。本来不是他偷的，他却赌气气哼哼地对老师说："就是我偷的，我就是小偷，你能把我怎么样？"再过几天，他居然转学了，小 Y 的妈妈说："孩子觉得在老师和同学面前很丢面子，抬不起头来。"

本案例中，班主任的处理方式欠妥，尽管是私下询问学生情况，却先入为主，主观想象班级最近发生的事情，把"有的同学丢笔"和"小 Y 有好多笔"建立联系，在没有证据和不了解真相的情形下，直接质问小 Y 是否偷东西，不信任孩子有好的道德品质，对孩子造成了不应有的心理伤害。学生在成长过程中，在身体、品德、心理、学习等方面会出现各种问题，这需要慎重引导和教育，处理好教育和惩戒之间的关系，惩戒是手段，育人才是目的。

二、沟通家长：以法规为依据

实践中，教师会综合运用多种方式与家长进行沟通，共同帮助学生解决成长中的问题。以法规为依据，解释、回应和解决与家长相关的教育管理问题，需要特别注意以下三个方面。

(一)公正对待家长的正当维权

正当维权即正确、恰当地维护合法权益。对于家长的正当维权，教师应当依法依规、客观、公正地对待。

> 某校四年级学生小 C 早上上学迟到，连续两天被班主任罚站，而之前学校并没有因迟到而被罚站的情况。原来这次被罚站是由于学校要迎接市督导检查，需要规范学生行为。学校规定本月的前两周学生必须7：30前到校。小 C 忘记告诉家长，家长每天还按照 7：40 前到校送孩子

上学，造成孩子连续被班主任罚站。家长得知后，给校长打电话说明此事，认为学校不应当不正式通知家长变更上学时间，而是由孩子转达；教师也不应当由于学生迟到而让学生罚站，而且罚站耽误了孩子的学习时间。校长第一时间与家长进行了有效沟通，并妥善解决了此事。

针对以上案例，有的教师认为，这个家长实在是太小题大做了，这点儿小事在学校太正常了，还至于给校长打电话，那样对班主任多不好，以后班主任该不该管这个孩子；有的教师认为，现在的孩子特别难管，家长动不动就主张学生权利，那教师的教育教学权谁来保护；有的教师甚至认为在学校里真正的弱势群体是教师而不是学生。类似以上的抱怨和想法需要校长加以引导，帮助教师客观、公正地对待家长的合理诉求和维权行为。虽然《中小学班主任工作规定》第十六条规定，班主任在日常教育教学管理中，有采取适当方式对学生进行批评教育的权利，但是，本案例中家长的维权是有道理的。孩子迟到，应当先问明原因，而且小学生迟到不全是孩子自己的原因，还有家长的原因，因大人的原因而惩罚迟到的学生，是不恰当、不公平的管理行为。

(二)以法规制度回应不当维权

在家校沟通中，一部分家长不太讲理，他们对权利的认识有偏差，存在错误维权的现象，把学校和教师正常的教育管理，当成对孩子权利的侵犯。

有位家长来学校质问老师："学校为什么不能让早到学校门口的孩子进入学校，我家孩子在外面等着都晒病了。"老师说："我们校长就是这样定的。"这不是以法规为依据进行沟通，而是硬生生地把校长推了出去，做了挡箭牌。明智而恰当的说法是："学校有规定，开家长会时，各班班主任都和家长们宣布过学校的规定，您看能不能让孩子以后带着点防晒的用具，学校也会想办法给孩子们提供更舒适的环境。"

可见，以法规制度回应家长的不当维权，一来便于家长接受，二来可以保护校长和教师自己。2019年8月，教育部、公安部等五部门也发布了《关于完善安全事故处理机制保护学校教育教学秩序的意见》，对校闹说"不"，"该赔的不闹也赔，不该赔的闹也不赔"。在面对家长的不当维权时，教师应当理直气壮地依据相关法规解决问题。相信有法律法规作为后盾，教师在应对和解决教育管理矛盾纠纷时，会更加理性和从容。

(三)依法律归责原则解决冲突

在依法治校这个问题上，教师都非常关心在发生学生伤害事故后，自己是否承担责任、承担多少责任的问题，校长可以把责任分摊的归责原则向教师解释清楚。下面以学生伤害事故处理的四个判例来看一看归责原则的运用。为了更加直接、清晰地进行对比分析，我们把判例中的主人公统一为小江和小贝，把不影响判例定性的情节进行微调，其他保留判例的原貌。

【案例一】在综合实践课上，老师领班级到操场上观察"大树有多高"，在下楼过程中，小贝(7 岁)因为注意力不集中一脚踩空，摔下楼梯台阶，不慎撞倒了小江(7 岁)，导致其门牙被磕掉半颗。事故发生后，经鉴定牙齿修复费需要 13700 元。学校多次与小江父母、小贝父母沟通，未能就赔偿问题达成一致意见。最后小江父母起诉，把学校、体育老师、小贝父母均告上了法庭。

法院判决：小江是无民事行为能力人，在学校学习期间人身权利遭受侵害，学校作为教育机构未尽到教育、管理职责，理应对其损失承担 80％ 的赔偿责任。小贝因为行为疏忽大意给小江造成损失，具有一定的过失，其监护人应当承担 20％ 的赔偿责任。

【案例二】一天第二节课间，小贝(11 岁)在教室内拿手工剪刀玩，欲用剪刀剪小江(11 岁)的椅垫，在双方推挡的过程中，小贝的剪刀扎到了小江的手腕处。学校及时将小江送往医院住院治疗，司法鉴定小江右腕部损伤为十级伤残。学校与双方家长共同协商赔偿的事，但是并未达成一致意见。小江父亲便将小贝父母和学校告上法庭。

法院判决：小江在学习期间，学校作为教学机构，虽然对在校学生履行了安全教育职责，但其未尽到足够的管理职责，没有避免原告受到人身损害，应承担 20％ 的赔偿责任。小贝是限制民事行为能力人，直接导致小江右腕部损伤，应当承担80％的赔偿责任。

【案例三】一天下午放学前的自由活动时间，小江（12岁）因数学老师要他订正作业，就从自己座位走上讲台拿作业本，在经过坐在前排的小贝（12岁）身边时，小贝伸了个懒腰，手中的铅笔尖正巧戳进了小江的左眼。当时，小江因痛揉了揉眼睛，没在意，回去也没告诉家人。第二天上课时，班主任发现小江频繁地揉眼睛，问了问小江，得知他左眼被戳的事，想着可能没有大碍，没有采取任何措施。次日晚上，小江爸爸在家发现小江左眼红肿、流泪，一问才知真相，立即带儿子到医院治疗。经手术治疗后，小江双眼并发交感性眼炎，视力急剧下降，已达六级伤残。医院鉴定小江的左眼视力为0.06，右眼视力为0.2，且不能矫正。

法院判决：考虑到孩子伤势较重，又在教室内受伤，属于学校的管理范围内，虽然这次事件纯属意外，但是，老师在得知小江眼睛受伤后采取不负责任的态度，仅仅过问了一下却没有采取措施，在知情后善后处理不当，存在过错，客观上延误了受伤学生治疗的时间，应当承担10％的责任。小贝是限制民事行为能力人，应当认识到在班级有学生的情况下，手挥铅笔可能产生的后果，由于他的疏忽大意而造成小江眼睛受伤，应承担90％的责任。

【案例四】小江（9岁）身体比较弱，家长总担心孩子在学校被别的孩子欺负，让孩子每天都带着录音笔去上学。后来小江出现心理疾病，被诊断为儿童偏执性精神障碍。家长在录音中发现了自己孩子没有完成作业被老师批评和罚站15分钟的录音，于是家长状告学校侵犯小江的人格尊严，认为是变相体罚，向学校索赔。

法院判决：教师对学生未完成作业的批评属于正常的教育行为，罚学生站15分钟不构成变相体罚学生，驳回了原告的诉讼请求。一审宣判后，原告不服判决，提起上诉，二审法院维持原判，学校不承担责任。

以上四个判例中，学校是否承担责任，承担多少责任，通常可以从如下五个方面进行分析和思考。

第一，学生的民事责任年龄问题。学生的年龄是责任承担的重要影响因素,《中华人民共和国民法典》(以下简称《民法典》)规定,不满八周岁的未成年人是无民事行为能力人,八岁以上的未成年人是限制民事行为能力人。《民法典》第1119条规定,无民事行为能力人在幼儿园、学校或者其他教育机构学习、生活期间受到人身损害的,幼儿园、学校或者其他教育机构应当承担侵权责任,但能够证明尽到教育、管理职责的,不承担侵权责任。第1200条规定,限制民事行为能力人在学校或者其他教育机构学习、生活期间受到人身损害,学校或者其他教育机构未尽到教育、管理职责的,应当承担侵权责任。可见,对于不满八周岁的学生,如果在学校发生伤害事故,学校应当承担更大、更多的责任。案例一中,学校之所以承担80%的责任,其重要原因就是小江只有7岁,是无民事行为能力人;而案例二中,学校之所以承担20%的责任,其重要原因是小江已经11岁了,是限制民事行为能力人。

第二,学校和教师有无尽到教育、管理和保护职责。在案例一、二、三中,学校均因未完全尽到教育、管理和保护职责,承担了相应的责任。案例一中,学校因为教师未对无民事行为能力学生进行超规格保护而承担责任;案例二中,学校因为教育管理的空间漏洞和安全教育不充分而承担责任;案例三中,学校和教师因为未及时救治学生,加重了伤害后果而承担责任。这些均是学校教育管理中应当特别注意的细节。

第三,有无损害事实发生。以上四个案例中,均有损害事实发生,但是损害事实发生的原因需要进一步做分析,原因不同产生的责任后果不同。《北京市中小学生人身伤害事故预防与处理条例》第二十六条规定:因学生、学生父母或者其他监护人的过错造成事故的,学生、学生父母或者其他监护人应当承担相应的责任。对于案例四中的情形,学校和教师是不承担责任的。

第四,行为与损害结果之间有无因果关系。在案例三中,班主任在小江受伤后处理不当,延误了小江的治疗,其行为与损害结果之间存在明显因果关系。《北京市中小学生人身伤害事故预防与处理条例》第二十三条规定,事故发生后,学校对受伤害学生未采取救助措施,导致损害后果加重的,学校应当承担相应的责任。在案例四中,因无法对教师行为与原先精神疾病是否存在因果关系进行鉴定,教师不承担责任。《中华人民共和国教师法》第七条规定,教师有权进行教育教学活动,指导学生的学习和发展,评定学生的品德和学业成绩。教师的教育教学活动和管理活动应当得到学生家长的支持和配合，学生家长无权横加干涉。

第五，行为人有无主观过错。行为人的主观过错分为两类：一是疏忽大意的过错，即本来应当注意却没有注意到；二是过于自信的过错，即本来注意到了却轻信能够避免。前三个案例中教师均有主观过错，第一个案例和第三个案例均为疏忽大意过错，第二个案例为过于自信的过错。

在学校法治实践中，无论是诉诸法律，还是协商解决，均应当依照法定的归责原则，承担相应的责任，做到合法合规、合情合理。简言之，学生伤害事故处理的归责原则即过错责任原则，有过错承担责任，无过错不承担责任。在各种问题情境中运用归责原则时，校长比照以上四个案例的五方面分析，便基本上能够做出清晰的归责判断。最后，需要强调的是应当承担责任时，不要逃避；不应当承担责任时，不要妥协。

三、参与管理：提升法治能力

参与民主管理权是教师的法定基本权利之一，教师有对学校教育教学、管理工作和教育行政部门的工作提出意见和建议，通过教职工代表大会或者其他形式参与学校管理的权利。指导教师行使好民主管理权，是引领教师依法治校的重要方面，是帮助教师增强治理意识，积累法治实践，提升法治能力，丰富依法治校经验的有效方式。

(一)指导教师正确行使民主管理权

正确行使民主管理权是有条件的，如果教师的民主法治意识和学校的民主氛围还没有建立起来，教师就无法理性地正确参与学校管理。有的教师认为，学校的规章制度就是对学校教师和学生行为的约束，是学校领导定的，与自己没有太大关系；有的教师看到学校规定或主张与自己想法不一样，就认为是不民主，自己的建议没有被采纳，就认为是学校不尊重自己的民主管理权；有的教师在教代会上提议发福利，但按照财务规定明明是违规的，这样的提议当然会被一票否决。以上这些现象均是没有正确行使民主管理权的表现，需要校长创设民主条件，营造民主氛围，引导教师增强民主治理意识和能力。

(二)引导教师为学校发展建言献策

校长引导教师积极为学校发展建言献策，是落实教师主体地位的重要策略。教师教育学生时，经常说"风声雨声读书声声声入耳，家事国家天下事事事关心"，同样的道理，教师们也应是开门教书，关心学校、社会和国家的建设。学校规章制度的改进、重大事项的方案，需要全体教师积极建言献策。例如，绩效工资的分配制度是每一位教师所关注的，在学校教代会上讨论重要议案时，校长应当引导教师积极思考自己的工作绩效和付出的辛劳，积极参与讨论，表达各自真实感受，主动对绩效工资的分配提出合理化意见和建议，共同形成绩效工资方案，共同商量评价工作质量的标准，形成合意后，进行利益分配，才能避免潜在的矛盾和纠纷出现，这是行使好参与民主管理权的具体体现。正如上文提及的，每位教师都是学校的管理者，应当积极参与校内制度的修订，从而落实教师主体地位。

（三）主动支持学校管理者依法治校

校长引导教师主动支持依法治校是对教师行使民主管理权的高要求，特别是当教师认为自己的合法权益受到侵犯或对学校的处理决定不服时，依然能够依法依规理性与学校沟通，解决与学校之间的矛盾和纠纷。

　　　　班主任张老师班里的一名学生参加物理竞赛获得了奖励，按照学校规章制度规定，辅导教师会有物质奖励。在辅导过程中，张老师辅导了一段时间后，学校安排她出差，并安排王老师继续辅导这名学生。学生获奖后，学校只把奖励发给了王老师。张老师觉得学校处理得不公正，想去和校长理论一番。转念一想，学校有教师申诉组织，自己应当走正当的程序，理性与学校交涉这件事。

本案例中，张老师主动支持学校依法治校值得肯定。《教师法》第三十九条规定，教师对学校或者其他教育机构侵犯其合法权益的，或者对学校或者其他教育机构做出的处理不服的，可以向教育行政部门提出申诉。如果学校设立了教师申诉或者调解委员会，那么，教师因职责权利、职务评聘、年度考核、待遇及奖惩等，与学校及有关职能部门之间发生纠纷，或者对学校管理制度、规范性文件有意见的，应当及时向学校的申诉或调解委员会进行申诉或申请调解，而不是闹情绪，发牢骚，影响正常的教育教学工作秩序和积极的工作状态。当然，学校也应及时给出申诉答复或者调解意见，这样就形成了教师主动支持依法治校，学校依法依规解决问题的良好治理环境，也标志着校长成功地践行了依法治校。

第三节　身正为范

其身正，不令而行，优良的示范是最好的说服。校长日常依法治校的管理行为与方式会传递给教师，校长以什么样的方式管理教师，教师就会以什么样的方式来教育管理学生。要求教师做到的，校长首先要做到，为教师践行依法治校做好示范。

一、正己正人：严守行为底线

践行依法治校过程中，校长指导教师慎重行使权利、以法规为依据进行教育管理非常重要，但更重要的是校长自身在学校管理中做到严守行为底线，所谓正人才能正己。

> 某中学在一次期末考试中，相比当地其他初中校的成绩不太理想，主管教学的校长听说有的学校为了让自己的学生考得更好一些，老师们监考比较宽松。他就想在下一次期末考试时，自己学校也不用监考那么严格了。他是这么想的，也就这么做了，私下和几个关系好的老师说："这次考试咱们不用太严格了，差不多就行了。"结果导致当次考试中，学生抄袭现象严重，有20多名同学的试卷被认定为雷同卷，造成了非常不好的社会影响，学校校长受到教育行政部门的点名批评。

这个案例带给实践诸多启发，校长在日常管理工作中，自己严守行为底线，才能引领教师正确践行依法治校，主要体现在以下三个方面。

（一）严守行为底线是根基

案例中，教学校长违反了监考人员管理规定，违背了公平、公正的法治精神，未能做到严守行为底线。他将学校考试成绩不理想归因于自己学校监考严格，其他学校监考不严格，这样的归因显然是对严守考试管理规定缺乏足够的认识。考试的相关管理规定是为保证考试的公正性，其内在规定性就是要求监考人员严格监考，杜绝作弊，保护学生获得公正评价权。学校教学校长要做的就是严格依规管理，执行相关考试规定，把严守底线作为行动根基，而不是突破底线、破坏规定。

（二）面对挫折时严守底线

严守行为底线体现在当别人违反规定取利、自己坚守规则失利时，还依然能够坚守底线。案例中教学校长听说别人违规取利，自己也随之违规，这种现象就如同是看到别人偷自行车获利，自己也去偷，以免自己吃亏，结果却被当场抓获。的确，在依法治校过程中，有时按规章或是按程序办事显得自己很"吃亏"。这种情境下，也不应质疑严守底线的正确性。

（三）不因利他而突破底线

教学校长突破底线的理由是为了自己学校的学生能够在他认为的不正当竞争中取得好成绩，是为了学校谋利益，不是为了自己。但是，这不影响突破底线的性质，为他人谋利不是突破底线的借口。有个人缘特别好的校长，应大多数教师的呼吁，违反财务规定为教师们谋福利，反被守法意识极强的教师举报，受到处分。他心中郁闷，抱怨好心却没好报，但是这没有任何意义，人情、义气和仗义不是突破依规办事底线的理由。校长要把握的是，不要因所谓的为学校、为师生谋取利益而突破法规政策的底线，如此才能为教师做好依法治校的榜样和示范。

二、沟通教师：优先尊重权利

正如前文所述，教育领域的管理不同于其他领域，教师职业特点也不同于公务员或企业职员。在学校管理中，校长与教师的沟通方式会影响到教师与学生的沟通方式，如果校长希望教师教育管理学生时，以尊重学生的权利为先，那么，校长在管理教师时，同样应当以尊重教师的权利为先。

一日清晨，某高中校主管德育的 J 校长在教学楼例行检查，全校同学都安静地在教室自习。这时，一个刺耳的声音从楼道的那一头传来：

"你给我出来，你为什么不穿校服，给你爸妈打电话，让他们立刻把校服送过来，否则你就别考试……"J校长听到这话，感到心里不是滋味。又想起这位班主任之前也有好几次，因为学生没有写作业、课堂上说话等小问题，兴师动众地把家长请来，与几位家长的关系颇为紧张。J校长没有当面责备这位班主任，而是当天下午与她进行了谈话，提醒她多了解学生管理的相关规定和方法技巧。之后，在班主任专题培训中，他组织全体班主任学习班级管理的相关法律知识，还为教师购买了《给教师的60条法律建议》一书，提升教师的依法执教能力。一段时间之后，这位班主任从心里接受了这些管理理念，再与家长和学生进行沟通时，出现激化矛盾的状况明显减少，其心态、情绪与教育方式方法有了明显的改善和调整。

本案例中，看到这位班主任在管理中行为不当之后，校长与教师的沟通方式体现出对教师的尊重及对教师成长的关注，起到了引领教师践行依法治校的示范作用。

(一)把尊重教师权利放在首位

在听到、看到和想到教师的管理行为不当时，J校长没有直接武断地责备教师师德失范，更没有在教育现场干预教师行使指导学生的权利。针对教师教育、批评学生的方式方法欠妥的问题，校长通过与该班主任谈话，在全体班主任培训中开展相关法律法规学习，有意识地特别引导班主任改进自己的管理行为，明智地把尊重教师的权利放在首位，保护了教师的尊严和自尊心，既解决了实际问题，又促进了教师成长。

(二)把管理问题当作沟通契机

这位班主任的言行中有多个管理问题，比如一次没穿校服就让家长停下手中的工作，专程到学校给孩子送一趟校服；又如学生一点小错误，就剥夺学生参加考试的权利。这些做法和说法不仅违反师德规范，而且是缺乏法治常识的表现。校长可以把这些管理问题作为与教师沟通的契机，引导教师深入思考和讨论三方面的问题：第一，学生在学校出现的所有问题，是否都必须告知家长；第二，批评教育学生时，是否考虑到应当依法依规而不能随意为之的重要性；第三，是否考虑到学生的尊严和自尊心。总之，校长发现的教师在教育管理中的每一个问题，都是引领正确践行依法治校的契机。

(三)将尊重理念变为真实行动

尊重教师权利的理念不应停留在观念中和口头上，应当将其转化为真实行动；同样，教师尊重学生权利的理念也应当落到实处。本案例中，校长为教师做出了很好的示范。教师发现学生在言行上有错误时，也不要在全体学生面前进行批评，而是找到合适的时机，与学生进行谈心，尊重学生的人格尊严，指导学生学习班级管理规定和为人处世的道理，同时利用班会时间对全体学生进行专题教育，这样就把尊重的理念转化成了真实行动，相信最终会取得良好的管理效果。

三、排忧解难：善用法治方式

法治方式是学校管理中的重要方式，善用法治方式是解决教育管理问题的重要技能和艺术。教师在践行依法治校过程中，通常会把自己处理不了的学生管理问题，反映至学校的管理层，这时，校长就有了为教师做管理示范的契机。

某初中校刚刚合并了其他两所初中，住宿生短时间内骤然增多，对于原来不同学校的学生可能产生的冲突，学校也做了准备和预案，但仍然发生了不愉快的事情。八年级的两个学生夜里九点半在宿舍打架，C学生挑起事端，大打出手，抓伤了A学生。班主任沉不住气，立刻通知C学生家长，马上到校解决问题，同时向主管领导D校长汇报。C学生家长没有汽车，家离学校30公里，冒着小雨，骑着电动车来到学校解决问题，大家坐在一起商量处理办法。

按照学校的宿舍管理规定，在宿舍打架的学生应当"停宿"一周。家长一听就急了，表示根本不知道学校有这样的宿舍管理规定，认为"停宿"对孩子不好，坐车不方便，离家太远，孩子会很辛苦。家长还认为，学校没必要这么晚了请家长来，这么着急地来了是为了解决问题，而不是希望听到孩子被停宿的决定。

　　班主任认真负责，对学生的要求很严格，认为按照学生管理规定，不能妥协，应当进行停宿处理，这样对别的住宿生才公平。此时是 D 校长示范如何依规管理的时机，他先安慰家长不要着急："这么晚了，这么着急把您叫来，就是想和您商量这件事儿怎么处理对孩子好。孩子打了别人，违反了学校规定，您看都初中生了，是不是也应当自己承担责任？"家长沉默了一下，说："那今天晚上就让他住宿吧，从明天开始，要是明天还下雨，就从后天开始。"D 校长说："行呀，大人、孩子都不容易，其实停宿目的不是惩罚孩子，而是教育孩子违反了规定，伤害了别人，就得向别人道歉，也要承担不利的后果。"家长批评了自己的孩子，又连夜回了家。

　　这件事顺利解决了，D 校长及时与班主任进行了沟通，从中总结了教师践行依法治校需要注意的三方面问题。

　　（一）制度落实以服务人为根本

　　学校的宿舍管理规定的最终目的是保护学生合法权益，制度的落实应当以服务学生和家长为目的。本案中，校长在落实宿舍管理规定时，一方面坚持学生违反了规定，就应当承担不利后果，这是对学生道德品质的教育；另一方面考虑到家长和学生的难处，推迟了"停宿"时间，这是以人为本的体现。如果学生所犯的错误不是非常严重，就没有必要大晚上请家长冒雨来学校解决问题，从而激起家长对于学校处理决定和管理方式的逆反心理。

　　（二）处理问题时保有程序意识

　　因为"停宿"会对学生和家长产生不利影响，所以，学校只有经过必要的程序，才可以最终做出决定。首先，三校合并后，教师如果没有向被合并校的家长公布过学校的住宿管理规定，或者虽然公布却没有提醒家长进行阅读，那么，让学生"停宿"的决定，就缺少必要的告知程序；其次，如果学校在做出决定前，没有给予学生和家长充分申辩的机会，或者没有给予家长耐心的解释，那么，让学生"停宿"的决定，就存在程序上的瑕疵。

　　（三）问题解决后反思管理规定

　　本次管理问题解决之后，反思学校的管理规定非常必要。由于相当一部分学生的家离学校比较远，学校目前的宿舍管理规定已经无法有效地适用于新的学情和校情，需要从新的实际出发，充分考虑学生上下学期间的不安全因素，进行及时调整和改变。由此进行延伸思考，伴随三校合并，学校规模扩大、学生人数增多，管理问题会更加复杂，校长同样需要进一步完善学校的其他规章制度及落实方式，使其更加符合校情，更具可操作性，也更加人性化。

最后，总结一下这一章的内容。木章从引领学习、指导实践和行为示范三个方面阐明校长如何引领教师依法治校。通过引领教师学习法治常识，达成法治共识；通过指导教师管理学生、沟通家长、参与管理，引领法治行动；通过以身作则，严守行为底线，在与教师沟通中以尊重教师权利为先，运用法治方式为教师排忧解难，从而引领教师真正将依法治校落到实处。

第四章　如何改进学校规章制度

在依法治校过程中，相比保护学生合法权益和引领教师依法治校，改进学校制度机制更加需要宏观思考和系统设计。《全面推进依法治校实施纲要》的具体任务中，有近50%的任务是关于制度机制的建立、健全和完善，所有任务的实现都需要学校各类规章制度的保障（见图4-1）。

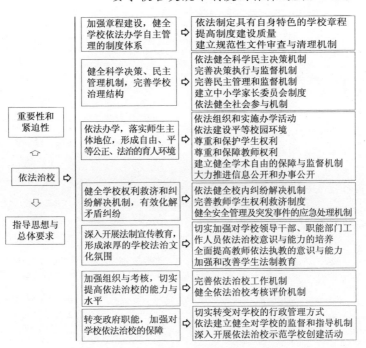

图4-1　全面推进依法治校具体任务图

　　现代学校治理中，学生是学校规章制度安排的核心。改进学校规章制度不仅是校长践行依法治校的载体，也是完善学校治理结构、提升干部教师治理能力的重要支撑，更是落实学生主体地位的重要保障。

学校规章制度是落实现代学校治理理念的载体，是解决好教育管理问题的依据，改进学校规章制度是依法治校的重要任务。有句话说，小智治事，中智治人，大智立法。立法是国家层面上的，在中小学就是建章立制，包括学校章程及学校内部的各项规章制度。改进学校规章制度就是使其在原有基础上有改革和进步，这是校长的大智慧。这一章从必要准备、整体设计和分步行动三个方面来说明如何更好地改进学校规章制度，落实师生主体地位，践行依法治校，从而向着学校治理现代化迈进。

第一节　必要准备

学校规章制度的层次和内容很丰富，包括学校章程、教师管理制度、学生管理制度、教学管理制度、德育管理制度等。一般认为，学校日常管理规定会随着教育政策、具体情境、具体问题的变化而不断动态改进和修正；学校章程相对稳定，但也应当因时因势，在原有基础上不断改进和完善。改进学校规章制度是个系统工程，也是优化学校管理的基础性工作，在改进之前，我们需要做一些必要的准备，诸如探寻价值和意义、丰富正确的认知以及找到改进的理论根据。

一、价值探寻：始于法治追求

价值探寻是在回应"为什么改进"的问题，一种回应方式是由外而内的不得不改的被动回应，诸如改进学校规章制度是社会发展和教育法规政策的要求，是教育综合改革带来的新挑战，是更好地调整学校、教师与家长的观念和行为冲突的重要依据等；另一种回应方式是由内而外的、发自内心的法治追求，是一种主动改进的热情和力量，主要体现为以下四个方面。

（一）为优化学校的内部管理体制

改进学校规章制度是对学校自身管理体制、组织结构、职责分工、管理理念及管理行为的深度反思，是学校管理走向现代化的重要载体。

 S 小学是走在教育改革前列的农村学校，学校办学理念下的课程、课堂、德育活动在本区域内享有很好的声誉，学校有了相对完善的理念体系和实践体系，但是，校长时常说起学校管理中的诸多困扰，比如干部使用、教师激励、职称评定等方面的管理问题。

这其中有一个重要原因是：经过校长多年努力，学校的教育观念和行为更加现代化了，教师和学生也更加现代化了，但学校内部管理体制没有更加现代化，急需一套与理念体系、实践体系相适应的现代学校制度体系，体现依法办学、自主管理、民主监督和社会参与，以保障理念体系与实践体系持续良好运作。因此，改进当前的学校规章制度显得重要且必要。

（二）为提升教师的民主参与能力

改进学校规章制度是教师参与民主管理的重要平台，修订学校章程、健全管理制度、完善教学行为规范，均是教师提升民主参与能力的契机。校长在改进规章制度过程中，通过积极创设教师民主参与管理的条件和空间，拓宽参与渠道和机会，不断提升教师的民主参与能力，同时为引领教师依法治校奠定良好的基础。

（三）为培养学生的现代意识

改进学校规章制度还有利于培养学生的现代意识，现代意识是一种主体意识，体现为权利意识、平等意识、参与意识、责任意识，在我国，民主法治、自由平等、公平正义是现代意识的核心。[1] 改进学校规章制度，尤其是班规的制定、实施与监督，不仅要有教师的参与，更要有学生的参与。一定意义上说，如果学生以管理主体的身份，体验到如何运用规则解决问题，感受到如何将自由、平等、公正的社会主义核心价值观落到实处，那么，就将增强公平公正、主张权利、参与社会管理和勇于承担责任的现代意识。

---

 ① 程德慧：《当代中国学校公民意识教育研究》，博士学位论文，华东师范大学，2012。

（四）为推动教育改革向纵深发展

教育综合改革向纵深推进的一个重要信号是新的教育政策相继出台，中小学校长如何将这些新的法规政策落地，一个重要策略就是基于新的法规调整和改进学校内部的规章制度。目前，学校的教育教学改革处于先进理念与现实困境的磨合期，当教育教学改革如火如荼进行时，却忽视了教育管理改革的跟进。教育改革越是走进深水区、攻坚期，就越是凸显出传统管理方式不能解决现代管理问题的困扰。教育走向现代化离不开教育管理的现代化，管理的现代化离不开管理制度的现代化，也就是我们反复强调的现代学校制度建设。改进学校规章制度是学校治理向现代化迈进的内生需要和必要支撑，必将推动教育改革向纵深发展。

二、认知储备：基于规则本身

改进学校规章制度需要相应的认知储备，法治从本质上说是规则之治，因而应当聚焦规则本身进行认知储备。从量上来说，丰富的认知储备有利于指导改进的行动；从质上来说，对规则的内涵、作用及其与之相关的管理问题有正确认知，能够正确指导实践而不至于走入管理误区。

（一）明规则与潜规则的再理解

依法治校以规则为基，学校规章制度成为规则在学校的代名词。

在 S 学校的调研中，有位教师认为"学校应当按规定，而不是潜规则办事"，校长看到了这个调研结果，有些焦虑："这一定要开会时说一说，我们学校哪有什么潜规则，都是摆在明面儿上的。"

校长不必焦虑，深入学习就会发现：潜规则是一个中性词，不是一个贬义词。规则包括明规则、潜规则和元规则。明规则是有明文规定的规则；潜规则是无明文规定，约定俗成的规则；元规则是一种以暴力竞争解决问题的规则。

第一，学校规章制度是一种明规则。它是指以学校办学理念和育人目标为指导，由学校校长依据法律、法规、政策及学校实际发起的，由学校成员共同制定、认可、通过，共同遵守的行为规范的总和。它由章程统领下的学校规章制度体系构成，包括学生管理制度、教育教学管理制度、教职工管理制度、财务管理制度、安全管理制度、应急管理制度以及各种办事程序及内部组织的组织规则、活动程序、议事规则等，且均以规范的文本形式出现。

第二，学校潜在的管理文化是一种潜规则。它是指一种无明文规定，被全体教职员工广泛认同，在实际中发挥作用的类似群体习俗的隐性规则，在心理上、情感上和道义上有力地约束着全体教职工的观念和言行。一定意义上说，学校潜规则是学校管理文化的真正载体。

> 两个学校之间开展交流活动，活动之前相互介绍自己的团队。一所学校的校长先介绍了自己，然后再逐一介绍自己的团队成员；另一所学校则是校长及团队成员自己介绍自己。不同的介绍方式体现着不同的学校日常管理文化，一种是凸显领导的凝聚力，一种是凸显教师的主体意识。

潜规则承载的管理文化很复杂，通常不以好或不好简单进行评判，但是哪一种潜规则更符合现代治理理念，相信校长们能够根据具体情况做出准确判断。

第三，学校的明规则与潜规则相互补充。每一所学校既有明规则，又有潜规则，两者相互补充。明规则里有对潜规则的底线要求，而潜规则能够弥补明规则相对实践来说滞后的问题。校长应当根据具体情境不断思考、改进并融合两种规则，弘扬合理的，摒弃不合理的。

（二）规则无用论与良规善治论

实践中有一种观点是"规则无用论"，认为学校不需要规则之治，学校规章制度在学校实践中发挥不了什么作用，只是应付上级而已，规定是规定，做法是做法，实际解决问题时，也不会按规则来。持有这种观点的校长一定会在将来解决某个问题时，感受到规则之治的重要性。自有学校以来，就有了学校规章制度，学校运作和有效管理离不开制度机制的保障，莫要脱离规章制度谈管理。

实践中还有一种观点是"良规善治论"，认为学校规章制度没有在实践中发挥作用，主要由于制度本身不是良好的。"良规"即良好的学校规章制度，意指符合法规政策，结构良好且按程序产生，体现教育规律和学生成长规律，与办学思想和学校实际相吻合，与社会发展合拍，实施中少有阻力和问题，能够很好地在学校治理中发挥依法治校功能的制度；"善治"即善于运用制度解决现实问题。有的校长认为："学校要有刚性的章程制度，同时应当有柔性执行相伴。"这是对学校规章制度辩证、准确且深刻的理解，也是所谓良规善治的题中之义。

(三)类比国法与校规两种体系

从法律地位上讲，学校规章制度只是学校制定的内部规则，并不属于法律的范畴，但是学校规章制度体系与中国特色社会主义法律体系有着不同寻常的类比关系。

2011年10月，国务院新闻办发表《中国特色社会主义法律体系》白皮书，明确了中国特色社会主义法律体系是由宪法统领下的七个法律部门、三个层次的法律规范构成的。七个法律部门按照法律规范调整的社会关系和调整方法不同来划分，包括宪法相关法、民法商法、行政法、经济法、社会法、刑法、诉讼与非诉讼程序法。每个部门又包括三个不同层次，分别是法律、行政法规、地方性法规。

学校规章制度体系是指在学校章程统领下，由各部门制度、班规班纪等相互支撑、相互影响的各类制度组成的三个层次的制度系统，主要包括学校章程、部门制度和班规班纪。部门制度按管理职责划分为教学管理规定、德育管理规定、总务管理规定、工会管理规定、党务管理规定、科研管理规定等。各部门又有专项规定，如学生管理规定、校园安全管理规定、财物管理规定等。

可见，以校章为统领的学校规章制度在学校管理中的地位与作用，类似于以宪法为统领的法律体系在国家治理中的地位与作用。校章是学校的"宪法"，规章制度就是学校中的"法律法规"，是保护学生合法权益、指导教师日常管理行为、落实学校办学理念的重要依据和保障。

三、实践反思：聚焦规则设立

反思的真正价值在于促进校长于实践之中反省实践行为，使得今后的管理实践更加理性、有序和有效。为了反思具体且聚焦，我们选取学校规章制度中极为常用的一条——"学校每周一举行一次升旗仪式"，分别从立规目的、依据、产生过程及实施困难四个方面进行思考，分析问题和不足，为接下来的改进做好准备。每一位校长对这条规定都耳熟能详。期待在共同反思后，能举一反三，反思学校其他规章制度。

（一）立规目的是实现育人目标

学校规章制度具有管理和育人的双重功能，设立的目的是在规范基础之上实现育人目标。"学校每周举行一次升旗仪式"这条规定的目的是增强师生的国家观念，培养爱国主义情感。可以说，这条规定从目的角度来审视，是为实现育人目标而设立的。

（二）立规依据的多层次多维度

每一条学校规定的设立依据都是多层次、多维度的，这保证了每条规定的正确性与科学性。"学校每周一举行一次升旗仪式"的设立依据有以下三个方面。

第一，依法依规而设立。《中华人民共和国国旗法》第十三条规定，升挂国旗时，可以举行升旗仪式。全日制中学小学，除假期外，每周举行一次升旗仪式。这里并没有规定在每周的第几天升旗，可见，学校的规章制度是依据法律法规进行更为具体化的规定。所谓下位法服从上位法，学校立规的依据层次多且效力不同，包括宪法、部门法律、行政法规、部门规章以及教育政策等。

第二，依教育规律而设立。设立学校规章制度除了依法依规，还应当将教育规律作为依据。升旗具有凝聚人心、提振精神的作用，每周一次仪式有很好的教育意义。有一位六年级的小学生说："每周一升国旗时，听到国歌响起，就觉得一点儿都不困了。"参加升旗仪式会使学生产生一种自豪感。一般地，学校规定每周一升旗，而不是周二或是周五，周一意味着新的开始，与教师和学生的心理和情绪状态相契合，更加符合教育规律。

第三，依教育和社会发展要求而设立。《中小学德育工作指南》指出：中小学德育工作要始终坚持育人为本、德育为先，大力培育和践行社会主义核心价值观，以培养学生良好思想品德和健全人格为根本。升旗仪式是践行社会主义核心价值观的具体体现,是师生热爱祖国的表达,无论社会如何进步和发展,这条规定都能与之同步合拍。所以,从立规依据上来审视,这条也是良好的规定。

(三)规则设立应当有必经程序

从规则产生的角度来看,学校规章制度可以分为内生性规章制度和落实性规章制度。学校内生性规章制度的产生需要有一个前期调研、提出方案、多方讨论、表决通过、宣布实施的必经过程,尤其是涉及师生重大利益的规则,更需经过公平、公正、公开、透明的民主程序产生。"学校每周举行一次升旗仪式"是落实性规章制度,这条规定是《国旗法》规定的所有学校必须落实的规定,经过了严格的立法程序,不需要学校再进行讨论。当然,对于升旗的具体时间、地点、内容和程序,还需要通过上述过程,集中教师和学生的智慧拟定《S校升旗仪式的实施细则》,这样才可能制定出良好的规章制度,也才有利于规则的落实。

(四)规则设立之后的落实问题

"学校每周举行一次升旗仪式"的规定设立之后,其真正价值是在管理实践中落实。虽然,从目的、依据和设立程序上来看,这是一条良好的规定,但是具体落实时,仍然会出现具体问题,校长需要事先储备一些基本的解决问题的思路与办法。

第一,因特殊情况不能落实时,从上位法中找依据。比如遇到雨雪天气,怎样举行升旗仪式。有条件的学校可以改在体育馆等室内进行,无条件的觉得一周不升旗,一来违反规章制度,二来不利于师生的工作和学习状态,可以尝试从上位法中找依据。《国旗法》第十二条明确规定:依照本法规定应当升挂国旗的,遇有恶劣天气,可以不升挂。不升挂有据可依,但是,从追求优质管理的角度来说,学校可以在实施细则中做如下的规定:如遇有恶劣天气,不升挂国旗,全体师生在各自办公室、班级里同一时间全体起立,高唱国歌。

第二,规定落实效果不佳时,反思规则的设立过程。比如当国歌奏响,国旗冉冉升起时,有的教师和学生还在随意走动或是交头接耳,对国旗下的领导讲话、教师发言和任务安排漠不关心。这种情形,就需要校长反思规定设立过程，可能是没有广泛征集意见和建议，没有通过民主程序产生本校升旗仪式的实施细则，从而出现学校师生对升旗仪式的内容和形式均不满意的现象。这在一定程度上表明：学校规章制度未发挥育人和管理功能，亟须从规则设立的源头上改进。

以上四个方面主要是为校长提供反思现有学校规章制度的思路和角度，对于学校中重要的规章制度，从立规目的、依据、产生过程及其落实中的问题等方面进行实践反思，为调整和改进做好充分的认知准备。

第二节　整体设计

改进学校规章制度是系统工程，包括学校内部各层各类规章制度的设立、实施、修调、废止等诸多方面，需要进行整体设计。经过了价值探寻、认知储备和实践反思之后，我们从设定目标出发，明确改进原则，找到理论支撑，进而厘清行动思路与框架，坚定学校治理现代化的方向和路径。

一、设定目标：落实法治理念

改进学校规章制度应当针对目前约束性制度偏多、制度内容背离或偏离民主法治精神、制度产生流于形式、制度执行缺乏实效等问题而设定。在学校治理走进现代化的背景下，学校规章制度的目的和内容应当体现出以人为本的理念，其产生过程应当体现出民主参与的精神，其改进结果应当体现出在实践中真正发挥实用价值，这样的规章制度才能有助于落实民主法治、自由平等、公平正义的法治理念。

（一）人本：从约束人向发展人改进

以人为本是学校规章制度改进的内容性目标。教师的职业特点和劳动的复杂性意味着教师的专业发展需要更多的自主空间，对于一些约束教师发展的规章制度，教师们表面上遵守，但内心并不很认同。

在学校调研中，有的教师认为学校制定规章制度就是用来约束师生行为的规范，对制度约束有明显的排斥心理。有位教师说："学校不规定我也能做好，规定了反而让人觉得不被信任。"翻看学校的规章制度也会发现：强调师生义务履行的制度偏多，从权利角度出发，激发人自主管理的制度偏少。

主观和客观两方面相互印证，表明有些学校规章制度的内容需要从约束人向发展人改进，增加和丰富以人为本的制度内容，使其具有激励人和发展人的功能，能够促进师生自由而全面地发展，这样的规章制度才能让师生和家长发自内心地遵守。

(二)民主：从一言堂向勤商量改进

民主参与是改进学校规章制度的程序性目标。民主的概念是复杂的，学界从不同角度进行了阐释和争论，学校管理中的民主实践却无须争辩，师生参与管理学校事务是校园民主的重要标志之一，也是校长与教师达成管理共识的过程，这将有利于规章制度真正地落实。

> 在教育督导中，某校的学校规章制度被认为不够健全，校长计划用 3 个月时间，把本校的规章制度进行完善。校长委托教研室主任负责此项工作，教研室主任奋笔疾书 3 个月，呈递校长审查，校长说："挺好，这文章都能发表了，下回检查应当没有什么问题了。"之后，在全体教师大会上总结为一句话："我们全面完善了学校规章制度。"

本案中，由于教师们没有经过民主参与的改进过程，对规章制度改进与否也就没有任何认识和感触，难以对学校管理和教育教学工作产生有价值的影响，出现一种"你改你的制度，我做我的工作"的尴尬现象。校长千万不要认为教师和学生理所应当遵守学校规章制度，这些规章制度的设立、实施与完善是需要征求教师和学生的意见和建议的，可以通过会议正式征集意见，也可以通过日常随机调研听取建议。总之，只有实施民主管理，才能激发教师民主参与的热情，从一言堂向勤商量改进，真正落实教师主体地位。

(三)实用：从不中用向可操作改进

实用是改进学校规章制度的结果性目标。规章制度的生命力在于有效实施，然而，"学校尽管建立了一些表面上比较'好看'的规章制度，但是'好看不中用'，不能解决实际问题，流于形式"①。这种"好看不中用"的静态文本表面上规范、漂亮，但是没有与学校实际问题建立联系，加之教师和学生对规章制度关注和了解甚少，使得这类制度缺乏可操作性。因此，学校规章制度要从不中用向可操作改进，成为有效实施的动态文本，真正发挥其激励人和发展人的作用。

二、明确原则：贯穿治校实践

改进学校规章制度属于制度建设的范畴，需要明确制度建设的原则。从宏观层面上来说，包括合规性与合理性相结合、全面性与发展性相结合、操作性与实效性相结合等原则；从微观层面上来说，校长在改进某一项规章制度时，还需要遵循以下原则。

(一)以人为本原则：与行动相一致

改进学校规章制度应当坚持以人为本的原则，尊重学生的成长规律和不同学生的特点与需求，尊重教师的专业发展规律和个性差异。教育管理是复杂、多样的，学校方方面面的管理规范分层分类非常多，校长面向教师和学生落实这些规章制度，还要坚持以人为本的原则，并非易事。

有一所初中，学校规章制度及相应实施细则有80多份，校长的落实办法是：从众多的制度文本中，选择最能体现以人为本理念和民主精神的内容向师生重点阐释，易于师生理解、接受和重点记忆。

由此我们受到的启发是：在规章制度设立、实施和修调的整个过程中，校长应当关注的是学生和教师在内心认同了什么，凝聚了什么样的价值共识，规章制度是否真正发挥了激励人的作用，这才是真正地践行以人为本的原则，实现了原则与行动相一致。

---

① 褚宏启：《制度为什么重要：教育法治化与学校制度建设》，载《中小学管理》，2019(8)。

(二)问题导向原则：与目标相呼应

坚持问题导向原则是指在改进学校规章制度的整个过程中，坚持以现有规章制度中的问题为改进点，围绕问题寻找解决方法和策略，并付诸实际行动的一种改进原则。坚持问题导向原则有一个难点是寻找规章制度中的真问题。真问题有时从调研中产生，有时由他人指出，有时是业内专家的总结，有时是在制度执行中随着矛盾的出现而出现。

> 某小学有一条规定：调皮、学习不好的一年级学生戴绿领巾。校方称此举是为激励学生积极上进。此种规定和解释引起家长的不满，认为侵犯了学生的人格尊严，是教育的软暴力。当地教育行政部门紧急叫停，学校也紧急召开了家长会，校长和办公室主任向家长公开致歉，表示会及时纠正这一做法。

本案例中，"绿领巾"这条规定的真问题不是表面上学生佩戴领巾的颜色出现差错，而是规定背后的教育理念和管理目的偏离了育人的初衷。很多人沉浸在对领巾绿颜色的口诛笔伐中，殊不知早在 20 世纪 80 年代，上海市就首创了小学生"绿领巾"制度，每位一年级的小学生在加入少先队前都要戴绿领巾，其承载的教育内涵是每一个刚入学的孩子都是祖国正在成长的小苗苗，要在肥沃的土地上扎根，在和煦的阳光下成长。可见，解决问题的办法不是简单把绿领巾换成红领巾，而是改变规定的目的及其所体现的教育理念，使其与育人目标相呼应，只有基于真问题的改进，才是真改进。

(三)微观渐进原则：与实效相对照

规章制度的改进是缓慢、微观而渐进的。对于学校的上级部门来说，全面推进依法治校，大力推动学校章程建设及种种制度的健全与完善，是政策视角与方向性引导，真正改进学校规章制度不能急于形成大而全的规章制度，而是要坚持微观改进的原则，从微小、具体的做法开始，这样才能产生实际效果。如果学校现代化程度高，学校规章制度符合人本、民主、实用的现代精神，那么可以基于现实问题和时代要求进行局部微调与改进；如果学校现代化程度比较高，学校规章制度建设中存在不健全、落实不力的现象，那么可以针对某一个现象作为切入点，聚焦真问题并持续改进；如果学校现代化程度不高，偏离自由、平等、民主、法治等现代学校精神，那么可以先系统设计整体改进的总体思路，然后从微观视角切入，从一条条现有规定开始调整改进，逐渐带动规章制度的整体改进。总之，一所致力于学校规章制度整体改进、建立现代学校制度的学校，需要选择适合学校发展阶段的切入点和实施路径，走微观渐进的道路，才能真正取得实效。

三、厘清路径：走进现代治理

从起点走向目标，路径有很多条，有的是捷径，有的是弯路。在设定目标和明确原则之后，我们需要厘清改进学校规章制度的路径图，主要包括路径的方向、起点与具体线路。

(一)以现代治理理念为方向指引

由于法治实践的复杂性和现实阻碍，改进学校规章制度过程中，校长有时会看不清通往目标的路途，如何选择适合本校的路径，保证过程的方向性和科学性，需要一种较之依法治校理念更为宏观的先进理念，作为方向上的正确指引，否则南辕北辙，达不到改进目标。

现代治理理念强调多元主体参与共治与协商对话，注重各方权益的动态平衡与关系调和，强调学校管理中的系统综合与实践建构。分析上文中基于问题而设定的"人本、民主、实用"的改进目标，会发现它与现代学校治理理念相互吻合。以这一理念为指引，"意味着学校走向一种新的、更高追求的管理阶段，突出尊重差异、承认尊严、宽容错误、内化价值、认同思想、协商对话、和谐共处等价值概念"①，它能够指引学校规章制度从约束人向发展人改进、从一言堂向勤商量改进、从不中用向可操作改进。

(二)以学生管理制度为改进起点

以学生管理制度为起点是构建学校规章制度改进路径的内在选择，有其理论支撑和实践依据。从现代学校制度建设理论分析，"在现代学校制度的框

---

① 李百艳：《走向现代学校治理的对话机制建设研究——以公办初中 JS 中学为例》，博士学位论文，华东师范大学，2019。

架下，所有的规则体系都是围绕更好地促进学生发展来构建的"①，"现代学校制度可以被界定为'一个好的、关于学校的规则体系'，其核心和最根本的要求是学校的一切以学生的发展为根本"②。可见，学校各项规章制度应当以促进学生发展为基点进行系统构建，而学生管理制度作为整体改进学校规章制度的起点，切中了改进的最核心部分。从学校规章制度的改进实践上看，以改进学生管理制度为起点，最容易激发和凝聚学校全体教师的改进力量；于改进学校其他方面的制度而言，教师们更容易在改进学生管理制度中充分发挥教书育人的专业优势，进而易于积累参与学校管理的经验，为在改进其他管理制度中发挥重要作用奠定基础。

（三）以"四阶六步"为具体路径

结合以上改进目标、原则、方向和起点，借鉴多所学校的改进经验，我们将整体改进学校规章制度的具体路径总结为"四阶六步"。

第一阶段是改进与"发展人"密切相关的制度，包括改进学生管理制度和改进教师管理制度两个行动步骤。以改进班规、校规等与学生密切相关的管理制度为起点，强化制度激励人和发展人的观念并落实在行动中；将学生管理制度改进的经验迁移至与教师密切相关的教研制度，以此项制度保障和拓展教师的专业自主空间，落实教师主体地位，提升教师的民主意识和法治意识。

第二阶段是改进与"民主参与"密切相关的制度，包括改进教职工代表大会制度和改进家校合作制度两个行动步骤。在改进教研制度过程中，教师增强了民主意识和法治意识，有了向着更为广阔的民主参与平台渐进的信心和经验，即在教代会上充分发扬民主精神；管理者和教师经历了学校内部多元共治的历练之后，提升了参与民主管理的能力，进而从参与优化内部管理拓展到协调外部关系，从参与调整校内师生制度拓展到家校合作制度。

第三阶段是改进与"解决问题"密切相关的制度，包括改进专项制度一个行动步骤。经过学生管理制度、教师管理制度的改进，校长和教师们已经很

---

① 吴献新：《现代学校制度与管理实践》，8页，北京，高等教育出版社，2017。

② 褚宏启：《教育现代化的路径——现代教育导论》，273页，北京，教育科学出版社，2013。

熟悉制度改进的理念、原则及方法，这时就有了精力和能力去聚焦学校某个亟待解决的问题，主动构建和完善某一个或某一类规定，有针对性地改善或调和某种关系。

第四阶段是改进与"综合管理"密切相关的制度，包括改进学校章程一个行动步骤。校章是学校的"宪法"，在班规、校规、教研制度、教代会制度、专门制度的改进过程中，自然会涉及对学校章程的深度反思。在经历了前五步的改进经验积累后，依法治校氛围逐渐形成，校长和教师们会自然而然谋求学校组织架构、管理体制、管理职责等规定的改进，从而构建更加符合现代学校制度要求的学校章程。

以上四个阶段、六个步骤层层递进，是由易到难的逻辑路径，没有严格的时间顺序。实践是综合的，校长根据学校实际，可以从某个阶段的某个步骤上开始改进规章制度，但是，如果致力于整体改进规章制度，建议校长本着"人本—民主—实用"的改进目标，由易到难微观渐进，因为整体改进学校规章制度"触及学校内部治理结构的变革，涉及各种主体利益表达方式、表达机制、表达机会和能力的重新调整，需要校长有壮士断臂的决心和信心"[1]。

第三节　分步行动

整体改进学校的规章制度是个系统、持续的过程，本节以"人本、民主、实用"为改进目标，坚持"以人为本、问题导向、微观渐进"的改进原则，提供一种微观渐进的"四阶六步"的行动线路，促进学校规章制度的整体改进，逐步建立现代学校制度，将依法治校落到实处。校长可根据学校自身实际，选择所有六个步骤进行尝试，或选择其中某个步骤局部运用，或从中获得启示而另辟蹊径找到更加适合本校的改进路径。

一、学生为本：从班规到校规

上文提到，建议校长将改进学生管理制度作为改进学校规章制度的起点。

① 鲍传友：《提升学校治理能力需要进一步完善学校内部治理结构》，载《教育发展研究》，2017(20)。

以学生为本是学校整个规章制度最根本的理念和原则，学生管理制度是与学生最密切相关的规章制度，它是指以学生为管理对象的管理规范，表现形式通常有学生的学习规范、活动规则、行为规范和安全公约等，可分为班级和学校两个层面，即班规和校规。本着微观渐进的原则，建议从班规改进切入，进而促进校规的改进。班规与学生的关系最为密切，班规改进是学校规章制度改进的"牛鼻子"，具有牵一发而动全身的作用。

　　Z小学是一所农村学校，共24个教学班，学校的班主任队伍年轻化，缺乏丰富的带班经验，在管理班级以及与家长沟通过程中，遇到诸多困扰。校长认为，班主任的管理需要制度支撑，学校已经有相应的学生管理制度，也建立起学生意外伤害处置流程以及要求科任教师与班主任的协调配合机制等，但是每个班的具体情况不同，最关键的是班主任能够依据班级的特点，制定有效的班规并加以应用。因此，校长希望帮助班主任从改善班规入手，提升班主任依法依规管理的水平。

(一)澄清班规的特点与问题

学校首先分析了各班现有的班规文本，总结了本校班规的三个主要特点：一是从理念上分析，班规的育人理念与学校办学理念是相一致的；二是从内容上分析，多以学生每天的活动顺序为主线，在进入校门到走出校门的时间段内，全面规范学生的学习和生活；三是从形式上分析，语言表述精练，便于学生记忆。同时，学校也发现了存在以下问题：

一是被动与主动的问题。学校个别班规的表述在突出学生主体地位方面有待改进，比如"各门功课要学好，遵守纪律最重要"这条班规，强制、被动学习的意味较重，如果改进为"我能学好各门功课，我会遵守学校纪律"，就更能体现出学生学习的主动性及其背后的教育价值与意义，且具有鲜明的儿童立场。

二是片面与全面的问题。班规是与孩子们健康成长最密切的制度，关乎学生的全面发展，这也是素质教育的重要目标。从这个意义上说，一个班级，无论是行政班，还是为了适应"走班制"而产生的组合班，其班规的内容应当体现为五育并举与权义兼顾。有的班级只有一条班规——入座即学，实在是简单极了，只有学习纪律上的要求，而在德、智、体、美、劳五个方面，缺少体、美、劳等方面的教育和引导；有的班规只关注到学生的义务，而忽视了学生的权利，比如要求学生履行上课安静听讲的义务，却忽视了尊重学生的课堂表达权利。

三是层次与衔接的问题。各年级段之间的班规缺少基于学生成长规律的层次和梯度。从小学一年级至六年级都是"认真听讲，遵守纪律"，这些规定是正确的，但是，从低年段到高年段的班规应当因学生的成长阶段不同而有所区别。

(二)班规改进的过程与效果

班规改进是改进学校规章制度的起点，其改进过程应努力成为一种示范，便于将经验迁移至其他规章制度的改进中。基于此，Z小学校长进行了精心设计和扎实的实践。

第一，澄清班规的现实价值。从调研起步是一种科学的改进态度，Z小学面向全体教师进行调研后，归纳了班规的五种价值，并向教师展示。其一，对学生成长的意义。班规可促使学生在潜移默化中养成良好的学习和生活习惯，能够很好地引导学生的行为，有助于学生更加有效地学习。其二，对课堂秩序的意义。班规可以减少课堂管理成本，提高课堂的时效性和有序性，让学生清楚自己在课堂上应该做什么，怎样做。其三，对班级管理的意义。班规是班级发展的基石，是学校各班级的特色规定；班规确定了班级发展的目标，是学生在班级学习和生活的指路灯；班规可以引导学生互相督促，是形成良好班风的保障。其四，对学校管理的意义。通过班规，可以了解班主任的工作能力和班集体的建设情况；对于良好的班规给予鼓励展示，对于不符合校章的班规给予及时引导；学生良好的行为习惯会减少校园管理成本。其五，对学校发展的意义。良好的班规形成良好的班风，不仅能够提升课堂效率和学习效果，而且可以形成积极向上的校园文化氛围，还能够促进学校健康、优质发展。

第二，组织系列民主研讨会。一是学校层面组织班主任、学科教师代表召开研讨会，讨论并形成全校班规改进的安排；二是班级层面组织学生、家长代表召开研讨会。各班班主任按照学校总体要求，利用班会时间展开班规改进的讨论，要求一年级各班邀请家长代表参加，与全体学生共同制定新班级的班规，其他年级自愿邀请家长代表参加。各个班级一方面充分征集学生和家长的意见和建议，另一方面积极营造人本、民主的班级氛围。

第三，公开展示交流各班班规。各班经过民主研讨形成或完善班规后，张贴在教学楼内的年级文化栏中，公开交流学习，征求学校同行的意见和建议，之后班主任们再对班规进行完善。

第四，新班规的学习与实施。班主任向学生解读新班规并组织学生学习，根据不同年级学生的特点，以手抄报、演讲、征文、主题班会等形式，开展主题学习与实践活动，发现新班规实施中的问题后，及时研讨，进行局部调整。

第五，班规改进的效果。整体上说，教师们从激发学生主体意识的角度出发，对班规进行修调，无论文字改动有多少，均是按照人本的、民主的、实用的改进目标进行修改的。经过半年时间的改进，其产生的效果在两个方面较为突出。

一是学生日常行为的改进。在参与班规制定和改进的过程之后，学生不仅对班规内容更加清楚、明白，而且正在逐渐将班规内化于心，能够自觉改进自己的行为。

> 一年级三班的班主任根据本年级学生的年龄特点，与孩子们共同写下了"我懂得用小嘴微笑，我认真用耳朵聆听，我知道用小手帮忙"的班规。短短数言，表达了对学生在待人接物时尊重他人、认真学习、关心他人的良好品质要求。小学生们很快记住了这三条班规，见到教师微笑，上课认真听课；看到地上的东西，首先会问问是谁的，如果没有人说话，就会放在班级的失物招领处，班里的卫生状况也逐渐好转。

这表明，小学生们在班规指引下，慢慢学会了用自己的爱心和责任心帮助其他同学，正在自觉地为班集体做贡献，创造好的学习环境。

二是教师民主管理能力的提升。学校与全体班主任进行了座谈，有的教师说:"通过交流,我们理解了不一样的班规及我们的差距,对班规的制订有了更好的方向与方法。"有的教师说:"班规班纪具有育人和管理的双重功能,以后我们会带领学生一起修订班规。"还有的教师说:"以学生角度修订班规,才能知道遇到问题怎样解决。"这些认识和理解表明,班规改进不仅使原有班规在内容、形式上更完善,而且深化了教师对规则本身的认识,丰富了运用班规解决问题的策略和方法,还提高了民主参与管理的意识。

(三)班规到校规的行动迁移

校规是指引学生良好行为习惯养成的重要行为规范。校规面向全体学生,是班规的上位规定。班规改进的人本理念、民主过程和实用效果,会启发校长和教师对现有校规进行反思。在 Z 小学教师尝试改进班规半年后,学校的管理层深切感受到校规也应当进行修改了。分析 Z 小学的校规,针对存在的问题进行了如下改进(见表 4-1)。

第一,从物本到人本的改进。个别规定偏离以人为本的原则,对学校设施设备的关心程度高于对学生的关注,比如将"确保自己的安全,为机动车留出足够的空间"改为"确保自己的安全,与机动车保持安全距离"。

第二,从管理到育人的改进。在发挥班规管理功能时,注意结合学生身心特点,发挥班规的教育功能。比如,"请转告家长接送时把车停放在学校广场以外,安全自己,服务他人",这一规定对高年级段的学生来说,还是可以操作,可以实现的,但是如果是要求低年级段的学生把这条校规转告家长,实施起来是有困难的。因为学生们年龄小,认知能力弱,极有可能忘记告诉家长或者不能准确转述学校的要求。可以说,这条校规不符合学生的年龄特点,缺少育人的思考角度。

第三,从部分到整体的改进。校规的适用范围是全体学生,应当立足学校整体进行思考。比如把"作为班级一员"改为"作为学校一员";再如把"进出楼门主动为同学掀门帘"改为"为其他同学提供方便"。这样改进就提升了校规的站位和格局,而不是拘泥于某方面的具体要求。

第四,从繁复到简洁的改进。相对于班规而言,校规的适用范围更广泛,表述上应当更精简、概括一些,给班规留下发挥的空间。比如"我们有义务保持教室内[地面、窗台、暖气片、黑板(槽)、讲台、门窗、柜子等]的清洁,及时清扫，无死角，物品摆放规范合理"这一条，作为校规过于具体，最后改进为"作为学校一员，我有责任保持室内外的清洁，为自己的校园生活营造舒适环境"。

表 4-1 Z 小学校规改进版与原版对照表

校规改进版	校规原版
1. 我会穿着整洁的校服，戴着安全小黄帽上学校；如果我是少先队员，我会佩戴红领巾；我会准时参加周一的升旗仪式。	1. 行走在路上，为了我们的安全，应戴小黄帽；来到学校，应穿着整洁的衣服；红领巾是少先队员的标志，应让它高高地在胸前飘扬；周一的升旗仪式是神圣而庄严的，应穿统一的校服。
2. 上下学时，我会按路队制行走，进出校园，不喧哗、不打闹，与机动车保持安全距离。	2. 请转告家长接送时把车停放在学校广场以外，安全自己，服务他人；进入校门靠一侧行走，自然成列有序步入教室，确保自己的安全，为机动车留出足够的空间。
3. 作为学校一员，我有责任保持室内外的清洁，为自己的校园生活营造舒适环境。	3. 作为班级一员，我们有义务保持教室内［地面、窗台、暖气片、黑板（槽）、讲台、门窗、柜子等］的清洁，及时清扫，无死角，物品摆放规范合理。
4. 教室内，桌椅摆放有序，自己的物品摆放整齐。	4. 教室内，课桌椅要摆放整齐，做到人走后桌面整洁，椅子归位。
5. 我会在规定时间里打扫班级清洁区的卫生。	5. 每天按照规定时间（自习铃响之前）打扫清洁区卫生，并将垃圾倒入指定地点，养成爱护环境、垃圾入桶的好习惯。
6. 每天早午自习，我会主动做与学习有关的事。	6. 每天早午自习各班级秩序井然，主动做与学习有关的事。
7. 我会遵守专用教室的规则和制度，楼道内行走轻声慢步，有序走进专用教室。	7. 慢步出教室，楼道内靠右行走自然成列，到地儿拐弯；去专业教室上课要求安静整齐上下楼。
8. 我会做文明学生，懂礼仪，主动向他人问好。	8. 做文明学生，主动向老师问好，主动捡起地上的垃圾，观看表演适时鼓掌等。

续表

校规改进版	校规原版
9. 课间操和集会时，我能做到安静、安全、迅速到操场集合，认真、规范做操，安静有序退场，为其他同学提供方便。	9. 课间操和集会时，做到快、静、齐，要求铃响后五分钟以内在操场集合完毕；做课间操规范整齐，退场安静有序，并树立服务意识，进出楼门主动为同学掀门帘。
10. 我会认真做眼操，注意用眼卫生，保护视力。	10. 为保护视力，我们要按时认真做眼操，并设立专岗监督，责任到人。
11. 我会爱护学校一草一木，安全、正确使用楼内设施和设备。	11. 爱护学校一草一木，正确使用楼内设施（饮水机前接水自带水杯，厕所门轻开轻关，厕所用后要及时冲水，厕纸合理使用，正确使用水龙头洗手，做到节约用水），故意损坏应照价赔偿。
12. 我会在放学离开教室前，轻轻关窗关灯，确保安全后再离开。	12. 放学离开教室之前，要关窗关灯，动作要轻，确保安全再离开。

二、激励教师：改进教研制度

改进学校规章制度的第二步是将学生管理制度的改进经验向教研制度的改进迁移。"教研制度建设旨在营造一种团队成员人人向上、主动学习研究，人人获得发展和提高的新型学校教研文化"[1]，校长在教研制度改进中起着引领、激励、保障的关键性作用。

(一)与教师共建校本教研制度

校本教研制度是与教师教育教学行为密切相关的制度，应当结合学校教师的特点，与教师共研共建校本教研制度。在实践中，有不少成功经验。

北京教育学院附属海淀实验小学的教研制度中有一项教研公约，共

---

① 鲁爱东：《利用团队影响消除校本教研制度建设中的边缘状态》，载《河北教育》，2006(1)。

八条：一是每个人都发言且内容不重复；二是以学习的态度观课；三是发言有案例支撑，少说空话；四是每人每次发言不超过三分钟；五是每次活动轮换做主持人、记录人、计时员；六是每人发言结束，掌声致谢；七是借助观察工具观课；八是活动结束前，每人发表一句话感受。①

这项教研公约是在学校管理者与教师共商共研的基础上建立起来的，每一条都经过深思熟虑，具体引导教师行为，不仅体现出教师在教研中的主体地位，而且具有很强的可操作性，还符合本校教师的学习特点，能够充分调动教师参与教研的积极性。

(二)良好教研制度的基本特点

正如上文的教研公约，与教师共建的校本教研制度应当是良好的制度。从践行依法治校的角度来看，好的校本教研制度应当具备如下特点。

第一，在制度目标上保障教师的专业自主权。校本教研制度"是以制度化的方式保障教师对教学的自主决策、反思和改进的权利"②，也即保障教师的专业自主权。有的学校教研制度缺少对保障教师专业自主权的深入思考，只有事务性的条框规定。实施中，校领导一厢情愿地设计教研活动的目的、主题、内容和过程，而并非由教师自己真正发现的教学问题展开设计，这样设计与实施的教研制度就不能保障教师的专业自主权。

第二，在制度内容中有对教师行为和管理行为的具体规范。教研制度中如果没有对教师具体活动行为的规范，在实施中较难取得好的效果。

某初中校围绕"九年级教学质量提升"开展系列教研活动，每次都是由年级主任全程主持、主讲，教师们只听，不发言。有的教师根据自己的需要做一些笔记，有的教师有不少想法和思考都默默地放在心里，只等私下在办公室进行交流。

---

① 王忠慧：《教研公约：让教师站到最前排》，http://www.bjhdedu.cn/zt/jygy，访问日期：2019-06-15。
② 郭华：《在新课程中生发的以校为本的教研制度》，载《人民教育》，2003(5)。

这反映出学校教研制度的内容缺少对教师参与教研活动的要求和引导，也缺少必要的教研活动管理环节上的安排。良好的教研制度应当规定教师在教研活动中的交流任务以及教研活动的一般流程，如先由教师进行试卷分析或主题发言，再由班主任进行各个班级分析，最后年级主任组织教师找出共性问题，共同分析交流，归纳解决措施。

第三，在制度实施中保障教师充分参与教研活动。制度中规定了教师充分参与教研活动的内容后，还需要落实在具体行动中。

> S学校每周三下午均进行校本教研活动，学校教研制度中规定了"每位教师在每次教研活动中至少发言5分钟"。可是，每到教研活动时，教师们却还是抱怨："又教研啦?""真无聊，也没有发言的机会呀!""可不是，领导每次讲话时，我都快睡着了。""还不如安静地备课、批改作业呢!"

良好的教研制度，还需要好的实施方式，再好的制度，如果不落实，也是纸上谈兵。从教师们的抱怨中，我们能够体会到教师们不喜欢被动的、没有实效的教研活动，而只有全身心地投入教研活动中思考、分析和交流问题，才能真实触动教师的内心世界和价值诉求，这样的教研活动氛围，才真正保障了教师的活动参与权。

(三)教研制度落实的主要策略

从践行依法治校的角度来看，要有效落实良好的校本教研制度，主要有以下三个方面的策略。

第一，民主征集教研主题。确定教研主题是落实教研制度的起点，面向全体教师民主征集教研主题更有益于制度的落实。实践中，民主征集的形式有多种，比如设置"教学困惑信箱"、编制"教研主题征询表"、随机访谈等，这些形式能够促进良好的教研制度有效落实，促进教师思考教育教学中的问题，形成教师真实需要的教研主题，激发教师参与教研活动的热情和愿望，从"要我研"转变为"我要研"。

第二，有真实互动的教研过程。良好教研制度的落实，依赖于平等互动的教研过程，可以说，每一次有效的教研活动都是"真实互动"的结果。"真实互动"就是校长、中层管理者和教师在围绕教研主题的对话交流中，不掩饰、不恭维、不作秀、不极端，真真切切、实实在在地直指问题，发表意见和建议以期改进的平等互动过程。在平等、真实的氛围中，共同寻找和分析问题、改进教育观念、丰富教学方式，教师们才能真实感受到教研活动在自身专业发展和教书育人中的关键作用。

第三，多种方式开展教研。教研制度落实的方式是多种多样的，比如规定时间、地点、形式与内容的教研方式；再如建立教师研训网站，开辟"云讨论"空间，骨干教师建立自己的博客，将研究问题和成果发布在网上供全体教师参看，由教学校长定期在网络上引导教师参与教学问题探讨；又如教师在备课时间、课间十分钟交流教学问题也是一种有效的教研形式。多种研修方式并存，扩展了教师自主教研的空间，满足教师的教研需求和愿望，提高了教师研修的积极性且有利于取得更好的研修效果。

三、落实民主：教代会的重任

改进学校规章制度的第三步是充分发挥教代会的作用，改进班规、校规、教研制度过程中，校长积累了民主管理经验，对学校教职工代表大会（以下简称"教代会"）的功能和意义会有更深刻的理解；教师们有了向着更为广阔的民主参与平台渐进的信心和能力，这将增进教师的民主参与意识，更好地通过教代会改进学校规章制度。

（一）教代会对依法治校的意义

2011年教育部颁布了《学校教职工代表大会规定》，这是全面推进依法治校的重要举措之一。规定中明确指出教代会是教职工依法参与学校民主管理和监督的基本形式，采用民主集中制的组织原则，以会议决议的方式做出教代会的意见和建议。由民主选举产生的教代会代表，可以行使八项职权，包括听取学校章程草案的制定和修订情况报告，听取学校发展规划、教职工队伍建设、教育教学改革、校园建设以及其他重大改革和重大问题解决方案的报告且提出修改意见和建议等。可以说，教代会承担着落实教师主体地位，形成学校重大决议和监督学校管理，完善现代学校制度的重任，对于校长践行依法治校具有重要的实践意义。《纲要》规定，要特别注重和发挥教代会在处理纠纷中的作用，建立公平公正的处理程序，将因人事处分、学术评价、教职工待遇、学籍管理等行为引发的纠纷，纳入不同的解决渠道，提高解决纠纷的效率和效果，将依法治校落在实处。

(二)教代会制度落实中的困境

校长能够清晰地认识到教代会对学校管理的价值和意义，然而在实践运作中却有诸多困境：第一，有些教师认为教代会制度形同虚设，教代会不过是走走形式，对于要议决的方案并不关注；第二，有些教师不能正确行使民主管理权，往往对上级政策文件和提案理解不够；第三，在审议"三重一大"相关事项或方案时，统一思想和认识方面有难度，学校的不少改革方案不容易被教师认可或通过；第四，教代会制度落实时，还存在潜在的人治现象和权威意识；第五，有些学校还没有依据《学校教职工代表大会规定》，形成本校的教代会章程，因而，还不能有效地规范教代会工作的组织和开展。

(三)教师参与民主管理的策略

教代会是教师参与民主管理及落实教师主体地位的重要载体，在实施学校教职工代表大会规定和章程时，针对以上常见问题，需要做好以下几方面的工作。

第一，前期进行充分的会议准备。会议准备不仅包括文本资料的前期准备，而且包括会议前期小范围的调研，了解教师对会议内容的基本态度和主要意见。

第二，按照既定制度规范操作。这是按照程序落实教师主体地位的重要体现，在提前告知、充分研讨、议题表决、结果公示等各个程序上，教师均有充分的表达意见、建议和诉求的机会。

第三，解读议案要准确、透彻。对于提交教代会审议的议案，尤其是涉及学校发展的重大事项的议案，校长不仅要对议案了然于胸，而且更重要的是掌握解读议案的技巧和艺术，让教师明白议案的主旨和关键要点。

第四，会议过程中落实民主。充分发挥教代会作为教职工参与学校民主管理和监督的作用，引导教师充分研讨，出现意见分歧时，坚持法治原则，不要以权压人；保持冷静平和，不要急躁生气，做好不能一次通过的准备。有的议案，比如学校专业技术职务评聘办法、收入分配方案等与教职工利益密切相关的制度和事务，一次不能通过属于正常现象。校长不必急于求成，忙于求进，而应心平气和地梳理意见、分析原因，进一步修改议案，准备再一次接受教师的监督和评价。

第五，完善教代会章程。为了规范学校教代会的组织过程，校长需要结合本校的实际情况，建设和完善本校的教代会章程。一般地，教代会章程的内容包括组织原则、组织规则、活动宗旨、业务范围、讨论议题、工作机构及教代会代表的相关规定。完善的教代会章程有助于教师更加有序、有效地参与民主管理和监督，落实教师主体地位。

四、辐射家长：扩展民主制度

改进学校规章制度的第四步是从改进师生管理制度向改进家校合作制度拓展。校长和教师在经过前三步的历练后，从优化内部管理拓展到协调外部关系，以人本、民主和实用的目标取向和行动姿态，建设家校合作制度。

(一)家校合作制度传播法治理念

与学生管理制度和教师管理制度相比，家校合作制度具有向家长、向社会传播法治理念的作用和优势。实践中，家校合作制度主要有家长委员会制度、家长教师协会章程等。在完善家校合作制度的过程中，通过建立家长学校，设立学校开放日，鼓励家长参与学校管理，促进学校、教师与家长的充分互动，把法治原则、精神和理念传递给家长，辐射到校外，扩大现代学校制度的影响力。

(二)家长委员会制度的实践作用

2012年教育部颁发了《关于建立中小学幼儿园家长委员会的指导意见》，明确指出中小学生健康成长是学校教育和家庭教育的共同目标，家长委员会具有参与学校管理、支持学校建设、参与学校教育、指导家庭教育和沟通家校关系的功能，对于发挥家长作用，促进家校合作，优化育人环境，建设现代学校制度，具有重要实践作用。

　　　　某中学两名学生在放学途中发生争执，大打出手，一名学生受伤严重。受伤学生的家长不走司法程序，而是多次非理性上访，提出了不合理诉求，想把事情闹大。校长的做法是：召开教师代表和家长委员会会议，会议中讨论如何解决本次纠纷，参会代表有的主张息事宁人，有的主张置之不理，有的主张依法维权，最终通过民主表决，共同选择了以法律途径来解决。之后，学校委托律师团队代理解决此事。经法院审理，最终依法判定学校不承担责任。

　　这是家长委员会制度在实践中发挥积极作用的成功案例。校长应当持续健全家长委员会制度，提高家长在学校治理中的参与度，发挥其支持教育教学工作、参与和监督学校管理、促进学校与家庭沟通合作、解决矛盾等重要作用。同时，学校应当提供必要条件，保障家长委员会对学校管理活动进行必要的监督。

　　(三)家长教师协会的困难与建设

　　家长教师协会是由家长代表、学校代表、社区代表等与学生成长利益相关者组成的，是参与学校教育管理、支持帮助家庭教育、协调家校关系的一个组织。① 作为家校协作的新型组织，家长教师协会可以有效协调和整合影响学生发展的各种力量，促进学校科学决策、民主管理和制度完善，是推进依法治校的重要组织。相比家长委员会而言，它的建设难度更大。

　　　　Q学校在专家指导下，结合自身实际建立了一整套关于家长教师协会的制度，但是实施过程中遇到了不少问题，诸如教师管理热情和精力有限、家长的民主参与素养较低等。学校采取的措施有两方面：一是学校、年级和班级三级响应，统一协调形成协作机制；二是开展家长教师协作的课题研究和理论培训。Q学校的校长认为，家长教师协会的建设需要一个过程，一个班级的家长委员会从磨合到成熟至少需要一年的时

---

　　①　赵澜波：《现代学校制度视域下的家长教师协会建设——基于组织社会学理论》，载《中国德育》，2019(15)。

间，此后工作起来才会游刃有余。

家长教师协会建设中难免会出现实际问题，将家校协作、合力育人纳入制度化的轨道，是一个不断解决实际问题的过程。校长只要努力保障家长对学校教育的知情权、监督权和参与权，充分发挥家长的教育优势，就总有解决问题的办法。

五、专项改进：完善具体制度

改进学校规章制度的第五步是以解决问题为重点进行专项改进，完善具体制度。经过学生管理制度、教师管理制度的改进，校长已经比较熟悉制度改进的理念、原则及方法，也有了较为丰富的经验，这时就有了精力和时间更加主动地去关注学校某个具体问题，主动地构建或完善某种规定，优化学校的内部管理。

　　Y 小学有 60 多名教师，其中 40 名为女教师。新学期开学，有 11 名女教师怀孕要生二胎。同时校内不定期举办种种会议、项目活动与培训，这导致最近一段时间学校出现较为频繁的调课问题。调课是因故改变上课时间、地点，临时更换任课教师和班级等涉及课表任何一项信息变更的教学管理行为，它可以保障正常教学秩序。

　　一天早上，美术教师王老师第一、二节课要去五(1)班上课，突然接到教研员的通知，预备录制市级参赛课。他第一时间和主管教学的 Y 校长说要去准备，需要调课。在沟通了多名代课教师无果的情形下，Y 校长想起六年级一位班主任张老师，手头事务较少。情急之下，Y 校长就临时通知张老师去代课，张老师非常不高兴，抱怨着去上课了。事后，Y 校长选择了合适的时机，与张老师进行了沟通谈心。张老师说："校长，其实不是上一节课的问题。王老师为什么不提前调课？咱们单位有代课老师，而且不止一个，他们的任务就是代课，为什么让我去？既然学校有制度，就要按制度执行，不能让制度变成一张白纸，而且制度也不是只给干活的人设置的，应该对所有人都一视同仁，这样才能让大家心服口服。"

Y 校长对此事进行了反思：一是调课制度中规定的代课教师的范围需要调整，仅限于几个专门的代课教师，已经不能满足学校应对突发调课的需求。二是自己在并未提前告知的情况下，直接找到六年级的班主任张老师，要求他履行代课任务，是不妥的。三是自己"不拘小节"，觉得多干点、少干点没关系，无形中增加了教师的工作量，且忽略了"我是班主任，本来工作就多和累"的普遍心理，以为"情"会抹掉"制度"的条框。基于这样的反思，Y 校长计划从微观和宏观两个方面及时改进学校的调课制度。

分析以上案例过程和教学校长的反思，我们能够获得在完善具体制度中的诸多启示。基于问题，校长在改进学校某一项或某一类具体制度时，需要注意以下几点。

（一）反思具体制度执行中的问题

校长需要敏锐、精准地捕捉到制度执行方面常见的管理问题，以上案例中，校长进行了有效的反思：一是反思制度本身的具体改进点，即制度的目标、内容和表达方式等是否符合法律法规和学校实际；二是反思制度实施中程序方面的改进点，即是否按照既定的程序执行；三是反思制度实施中的管理行为，即管理行为是否在制度框架下运作。案例中提到的"是否拘小节"的问题困扰了校长，其管理技巧在于分析和判断教师的工作状态，同时把握好当前学校的文化氛围。理想状态是，教师们都拥有一种"多干点没啥，大家的事儿互相帮着一起干"的道德境界，那么就可以不拘小节了。但是，遇到与教师重大利益密切相关的问题，如评职、评优、评先等方面的问题，是万万不可"不拘小节"的，应当严格按规章制度办事。

（二）改进制度细则并且及时落实

专项改进强调时效性，即在出现实践问题时，及时进行微观调整和改进。在本案例中，校长及时微观改进的关键点有两个：一是细化学校的调课制度，比如扩大代课教师范围、代课过程记录留痕、期末计入教师工作量等方面的具体改进；二是让每项具体制度与教师提前见面。当有新制度出现时，校长需要提前告知教师，这是教师的知情权，否则难免会在落实时遇到现实阻力。可以召开全体教师工作大会、党员大会、班主任工作会、教研组长工作会、代课教师工作会等系列工作会，让重点工作的相关制度提前与教师见面，提前把相关规定向教师说明，让教师们对制度细则心中有数。

（三）专项改进推动制度整体改进

实践中，具体制度及其实施细则的微调比较普遍，这将有利于每一天的管理工作有序推进。及时完善具体制度，不仅能够以具体措施帮助教师即时改进工作表现，而且能够引领教师结合自身日常工作实际，学习、理解制度的价值和作用，达成管理共识，推动学校规章制度的整体改进。

六、整体改进：建设学校章程

"学校章程是学校全面实行依法治校的关键，是建立现代学校制度的重要内容，是提高学校管理规范性与科学性、凝练办学特色的重要手段"①，是走向现代学校治理的重要标志。改进学校规章制度的最后一步是改进学校章程，在班规、校规、教研制度、教代会制度、具体制度改进过程中，校长会对学校章程建设有诸多反思，这时修订章程才顺其自然，学校的组织架构、管理体制、管理职责等上位的规定就会随着校长、教师依法治校观念的改进而自然做出改变，进而形成更加符合现代学校制度要求的学校章程。

（一）改进学校章程是较为漫长的过程

章程是学校的"宪法"，是依据国家法律法规及市区的政策文件而民主产生的，上承各级各类法律法规，下联全体教职工的权益主张，是中小学依法治校的基本依据。正因为其在学校管理中的重要地位和作用，章程不能与具体制度一样强调及时改进与动态调整，而是强调慎重完善与相对稳定。改进章程是内部结构重建、各方利益调整的较为漫长过程，主要体现在三点。

第一，改进章程须经过严格的程序。章程规定了学校的根本性规章制

---

① 陈立鹏、陈彦坊：《北京市中小学章程建设现状及对策》，载《教育科学研究》，2011(4)。

度，与其他制度相比，具有更强的稳定性。章程中的序言、总则、管理体制和组织机构、财务、资产、后勤、学校与社会、学校标识、附则等内容，均需要在调研分析和深思熟虑之后，经过提案、论证、表决、公示、试行、调整等严格程序，以确保在最广泛民主参与和民主监督的过程中改进和完善。

第二，从学生管理制度改进直至校章改进是个循序渐进的过程。直接从改进学校章程本身起步，是一种宏观视角，较容易浮于表面、流于形式，改进章程真正目的不是为了文本更漂亮，不是为了应付上级检查，而是为了法治信念、原则和精神落地，在学校管理中落实师生的主体地位。学生管理制度、教学管理制度、民主管理制度则是学校日常管理中最直接、最常用的依据，因此，它们的微观改进是为学校章程建设做前期铺垫的。

第三，学校章程实施中的问题复杂且不易解决。虽然当前加强学校章程建设、依靠学校章程来推进学校内部治理改革已经成为一种趋势，但章程仍然是一个理念性和原则性的规定，对于保障学校内部权力的有效运行仍然不够，需要进一步细化章程的实施细则，使停留在理念上和原则上的管理能够找到现实的路径，这些问题的解决均需要一个长期的过程。

(二)学校章程建设的原则与步骤

学校章程是学校全体成员共同遵守的规章制度，有什么样的学校章程，就有什么样的教师行为模式。一般来说，学校章程是经法定程序通过的关于学校基本任务、组织规程、办学规则等重大问题的规章制度。它是学校自主管理及政府监督管理学校的基本依据。

学校章程建设首先要坚持社会主义办学方向的基本原则，依法依规促进改革、增强学校自主权，着力规范内部治理结构和权力运行规则，充分反映广大教职员工、学生的意愿，凝聚共同理念与价值认同。其次，要坚持相对具体的操作性原则，包括校本性原则、民主性原则、操作性原则和时代性原则等。

学校章程建设在坚持原则的基础上，分步实施。一般地，分为成立工作小组、梳理原有章程、调研新的需求、论证章程草案、民主表决和审批核准等步骤。

S高中校在改进校章的过程中分了五个步骤：第一，成立工作小组，先梳理原有章程。由学校党政领导班子主要成员、教师代表、家长代表、学生代表、法律顾问、高校专家等组成章程起草小组，总结原有章程的内容及特点，找出不够聚焦的问题，这是坚持了校本性原则。第二，阅读目前教育法规政策，查阅了全国各地的学校章程，多方借鉴，这是坚持了时代性原则。第三，形成初稿后，经过多方多次修改论证，针对实施中可能出现的问题，逐字逐条审定，这是坚持了操作性原则。第四，全体教职工或教代会所有成员表决通过，并面向家长和社会进行公示，接受社会的监督，这是坚持了民主性原则。第五，由主管教育行政部门核准。经过核准的章程，才能真正成为学校改革发展、实现依法治校的基本依据。

这是建立健全学校章程坚持原则、分步实施的主要过程。总体上说，只要学校能够结合自身实际情况，科学把握学校工作任务、内部治理结构、决策程序、内在发展机制等问题，遵循合理的程序制定章程，其科学性就有保障，章程制定就会真正促进学校的发展。

（三）学校章程建设中的典型范例

"学校章程建设的真正目的在于促进学校的内涵发展和可持续发展，因此，章程如何基于学校传统与个性，又能着眼未来做好更为充分的制度安排，是一个理想的章程的必然要求。"①21世纪初，上海等教育发达地区的学校章程建设就已初见成效，伴随2012年《纲要》的颁布，制定好学校章程，成为校长面临的重要而紧迫的任务。目前，实践中出现了不少章程建设的典型范例。

2014年，北京市十一学校出台了新的学校章程。这份章程是在历时一个月的教代会上，由100多位教师代表以不记名方式高票通过并达成共识而形成的，内容包括总则、治理结构、管理机制、课程与教育教学管理、人力资源工作、财务管理、学校标识与文化等。该章程不仅将学

---

① 孙雪芬、王立强：《现代学校章程建设》，107页，上海，同济大学出版社，2007。

校运行中各个领域的工作加以规约，而且还将弹劾校长和校长辞职等涉及人事制度的敏感内容纳入了治理结构的表述之中，开启了十一学校依法治校的新纪元。用李希贵校长的话说："《章程》为每一位教师创设安全的工作环境和长效的运行机制，学校将不再以校长的更替而产生动荡。"

以上案例中，无论是学校章程建设的目的、过程，还是章程本身的实质性内容，均是学校走进现代治理的重要标志。从章程建设的目的上来看，学校章程是为每位教师创设安全的工作环境，以长效机制保障学校办学理念和育人目标的持续稳定，避免因为校长更换而产生不确定因素，真正以保障师生主体地位和各项权利为目的。从章程建设的过程上来看，章程是全体教师共同的契约，没有管理层强加给教师的痕迹。教代会历时一个月之久，教师有充足的时间充分行使民主参与学校管理的权利，认真思考和表达对于学校权力分配原则、规划发展、绩效分配等重大利益问题的意见和建议。从章程的内容上来看，这份章程是学校内部治理结构的根本性调整和重建，触及校长权力的约束和主体利益的重新分配，对学校各个领域的管理工作加以规约，体现出民主法治、自由平等、公平正义的社会主义法治理念，真正实现了依法治校。

最后，总结本章内容。本章将以章程为统领的学校内部规章制度作为一个整体，呈现改进它的必要准备、整体设计和分步行动。必要准备包括价值探寻、认知储备和实践反思；整体设计包括设定目标、明确原则和厘清路径；分步行动包括以学生为本的班规和校规改进、以激励教师为目标的教研制度改进、以落实民主为目标的教代会制度的改进、以增强家长的民主意识为着眼点的家校合作制度改进、以完善具体制度为目的的专项改进和以整体改进为宗旨的学校章程建设六个步骤。这三个方面阐释的最终目的是启发校长找到适合自己学校规章制度改进的切入点，明确并努力解决为谁改进、改进什么、怎么改进等关键问题，最终促进师生成长和学校发展。

第五章　如何运用法治思维方式

　　无论在漫长的历史长河中，还是在当代社会发展中，不同国家的人们都在有意无意地运用法治思维和法治方式，以实现追求公平、恪守规则、保障权利、保护秩序、制约权力和承担责任的社会目标和个体诉求。

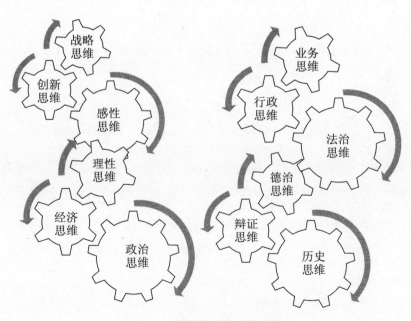

图 5-1　校长多元的思维方式

依法治校是运用法治思维和法治方式治理学校。在教育管理实践中，每位校长会综合运用多种思维方式解决各种管理问题，如战略思维、创新思维、行政思维、业务思维、感性思维、理性思维、德治思维、法治思维等，法治思维是其中之一。法治时代里，我们需要把法治思维从其他思维中抽离出来，进行专门的研究和思考。

　　校长坚定了法治信念，有了践行依法治校的着力点和行动路径，还需要法治思维方式。在保护学生合法权益、引领教师依法治校、改进学校规章制度的法治实践中，善于运用法治思维方式思考问题、解决矛盾和推动发展，对于更好地践行依法治校具有重要的方法论意义。本节主要从思维基础、思维实践和思维境界三个方面，来阐明校长如何更好地运用法治思维方式。

第一节　思维基础

　　思维是在表象、概念的基础上进行分析、综合、判断、推理等认识活动的过程，是人类特有的一种精神活动，是从社会实践中产生的。运用法治思维方式，需要有思维基础，需要对法治思维的内涵及实践表象进行认识和理解。

一、内涵探讨：凸显法治属性

　　准确理解法治思维内涵是正确运用法治思维方式的前提和基础，"要提高领导干部运用法治思维和法治方式的能力，首先应准确理解法治思维的内涵，用法治思维引导工作思维，在实践中将法治思维的运用化为领导干部自觉的行动"①。准确理解的路径是在梳理我国法治发展的历史变迁中，澄清法治的固有属性，进而结合依法治校实际，理解校长法治思维的现实内涵和心智图景。

（一）法治思维内涵的历史接续

　　法治思维是我国法治领域的新概念，它所蕴含的法治固有属性和法治精

―――――――――――――

① 殷啸虎：《法治思维内涵的四个维度》，载《毛泽东邓小平理论研究》，2014(1)。

神存续于我国各个社会历史时期。

从春秋战国至秦朝，中国重刑法之治，把法律看作治国的重器，法与刑法实际是一回事。韩非子是法家的创始人，他提出法不阿贵，绳不绕曲，提出重赏、重罚、重家、重战的法治原则，实施刑罚、惩恶扬善是我国古代法治的重要价值。从汉朝至清朝前中期，我国一直延续着礼法结合的治国方式。从汉武帝废黜百家，独尊儒术开始，历经唐朝的《唐律疏议》、宋朝的《宋刑统》、明朝的《大明律》及清朝的《大清律例》，国家始终将道德人伦渗透到法律之中，然而重刑轻民的观念始终深深影响着中国的封建社会。

从晚清至 1949 年，思想家则力求古今、中西之间的融会贯通，所谓师夷长技以制夷。晚清修律大臣沈家本，主张伸张民权、保障人民自由；孙中山先生主张民族、民权、民生；梁启超是中国近代维新派、新法家代表人物，对近代中国人法治观念的开拓和法治发展作出了重要贡献。这一时期"法治"始终是我国致力于追求的社会治理手段和解决问题的价值准则。

1949 年中华人民共和国成立后，毛泽东同志非常重视法制建设，认为法律是对敌斗争的工具，其逻辑起点是对我国人民民主专政国体的保护。1978 年，邓小平同志第一次明确提出并坚定地指出法律制度优于领导人意志："为了保障人民民主，必须加强法制。必须使民主制度化、法律化，使这种制度和法律不因领导人的改变而改变，不因领导人的看法和注意力的改变而改变。"中国社会主义法制建设的目标是建立有法可依、有法必依、执法必严、违法必究的法治社会。1996 年初，中国法学界曾就社会主义法制与法治展开争论，认为法治国家的提法更具有一种强烈的现代意识和时代精神。1997 年，以江泽民同志为核心的党的第三代中央领导集体，将治国理念从法制转向法治。1997 年党的十五大报告，对依法治国方针的科学含义、重大意义和战略地位，做了全面而深刻的阐述。1999 年 3 月，依法治国方略被载入宪法："中华人民共和国实行依法治国，建设社会主义法治国家。"从依法治国的提出到其上升为治国方略，标志着我国加快了社会主义民主政治建设。2007 年，以胡锦涛同志为总书记的党中央，进一步提出社会主义和谐社会的命题：民主法治、公平正义、诚信友爱、充满活力、安定有序、人与自然和谐相处。2011 年 10 月 27 日，国务院发表了中国特色社会主义法律体系白皮书，指出建设社会主义法治国家，是中国共产党领导的基本方略。

以习近平同志为核心的党中央全面深刻总结了社会主义法治建设的历史经验，在 2012 年 11 月召开的中国共产党第十八次全国代表大会上，提出要运用法治思维和法治方式，倡导自由、平等、公正、法治的社会主义核心价值观。2014 年党的十八届四中全会《中共中央关于全面推进依法治国若干重大问题的决定》进一步指出，提高党员干部法治思维和依法办事能力。党员干部是全面推进依法治国的重要组织者、推动者、实践者，要自觉提高运用法治思维和法治方式深化改革、推动发展、化解矛盾、维护稳定的能力。至此，法治思维已经成为我国领导者和管理者不可或缺的思维方式。

(二)校长法治思维的现实内涵

伴随全面推进依法治国向纵深发展，社会各行各业对法治思维的认识和理解越来越深刻和清晰，我们需要结合基础教育领域的实际和中小学校长的依法管理特点，形成校长法治思维的现实内涵。学界对法治思维的阐释有的较为专业，有的较为通俗，但均是在凸显法治追求公平、维护权利、注重规则和程序等固有属性。从有益于校长运用法治思维的角度来讲，我们倾向于选择较为通俗的内涵，比如"法治思维是基于法治的固有特性和对法治的信念，认识事物、判断是非、解决问题的思维方式"[①]。这个概念解释通俗简洁，朴实、简明、接地气，易于理解，它没有把法治思维当成一种法律专业思维，也没有把它作为领导干部的特有思维。每个人都可以在学习和了解法治固有特性基础上，去掌握和运用这种思维方式，理性地认识事物、判断是非和解决问题。另外，从法治思维的外延上来看，有的学者在研究公民法治素养评价指标时，认为法治思维由依宪治国的思维、良法思维、程序正义思维、以制度规范约束权力思维、公民权利的思维、平等公正的思维六个指标构成。[②]

参看上述法治思维内涵与外延的解释，中小学校长的法治思维是以公正平等为价值取向和目标，以遵循规则为基础和依据，以保障权利和制约权力为主要内容，以关注程序为过程，以使用证据为手段，以担当责任为结果的一种思考和解决中小学教育管理问题的思维方式。

---

① 汪永清：《法治思维及其养成》，载《求是》，2014(12)。

② 李昌祖、赵玉林：《公民法治素养概念、评估指标体系及特点分析》，载《浙江工业大学学报》，2015(3)。

（三）法治思维清晰的心智图景

校长的法治思维不是抽象的，而是有其清晰可见的心智图景，由取向公平、遵循规则、注重程序、保障权利、信任证据和担当责任六个要素构成。通俗地讲，所谓法治思维即当一个人评价某件事情时，怀着一颗公正心，从尊重每位当事人的权利出发，基于事情发生的依据和证据，或思考或发表言论，不妄自揣测，不捕风捉影；当一个人处理某件事情时，他依旧能怀着一颗公正心，基于事实，依靠证据，协调权利义务关系，按照既定规则和程序办事，不抱怨规则多余和程序烦琐，勇于承担相应责任。校长如此评价和处理问题时，即是在运用法治思维方式，其言行中就能体现出法治的原则和精神，就意味着具有了法治思维的心智图景（见图 5-2）。

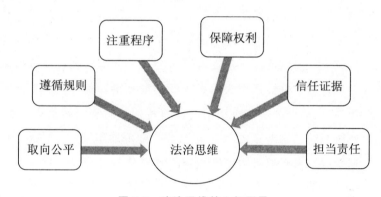

图 5-2　法治思维的心智图景

二、价值探寻：一种实用思维

探寻并认同法治思维的价值是运用法治思维的前提基础。初次认识"法治思维"这个词，有的校长说："法治思维很专业，平时好像也不怎么用到。"有的老师说："法治思维与我没有什么关系，对我也没什么用，那是领导的事儿。"这样的理解是把法治思维当作一种专业性、专属性强的思维了。事实上，法治思维是一种实用的思维方式。实用是指有实际的使用价值，实用思维又可从常用的思维、好用的思维、管用的思维这三个维度进行价值思考。

（一）法治思维是一种常用的思维

法治思维是常用的思维，是从法治思维运用的覆盖面、数量和频次上来讲的，具体表现在如下方面。

第一，法治思维是人人皆可用之的思维方式。它不同于法律思维，法律思维是从事法律职业的人员所具备的一种专业思维方式，需要经过严格的训练才能够形成；法治思维是各行各业的管理者依法治理公共事务，或公民依法参与公共事务或处理个人事务的非专业性思维方式。

第二，法治思维是时时处处可用之的思维方式。它不同于法制思维，法制思维是人们在思考和处理问题时，遵守法律文本、法律条款、法律制度的一种静态的思维方式；法治思维是人们如何在遵守法律精神和文本的基础上运用法律处理实际问题，是一种动态的、带有实践性的思维方式，在日常工作和生活中处处可以用到。

在基础教育领域，需要突破只有校长和中层管理者才应具有法治思维的观念，教师也应具有法治思维，积极参与学校事务的管理。只有学校全体教师在思维方式和思考习惯上凝聚共识，校长运用法治思维方式谋划和推进工作才具有现实可能性。因此，法治思维在学校内部管理中应成为一种全体教师的常用思维方式。

(二)法治思维是一种好用的思维

法治思维是好用的思维，是从运用法治思维方式的难易程度上来讲的。实践中，有的干部和教师认为法治思维方式难以掌握，解决问题时难以运用。事实上，正如前文图示的法治思维的心智图景，法治思维方式是一种好用的思维，只要以心智图景中六个要素中某一个为指导做一些实际工作，就是在运用法治思维方式。

例如，在校园橱窗、走廊、班级内设立日常可视的法治标识；又如在每年的宪法日、安全日等法律节日设计法治作品，挂满班级和楼道的墙壁；再如布置庄严的法治教室，开展模拟法庭活动；如果有学校能够设计一间关于法治教育的专用教室，介绍中国传统法律文化中的精髓，对比中西方法律文化的异同，那更是非常值得期待的。

如此，从可视物理空间一点一滴的设计上，就能很直接地体现出校长和教师的法治思维倾向,在可见的、微观的、具体的管理行为中,运用法治思维方式是容易实现的。

(三)法治思维是一种管用的思维

法治思维是管用的思维,是从运用法治思维方式的作用和效果上来讲的。从作用角度来说,法治思维对学校规范、有效、优质管理具有积极的指引作用;从效果上来说,以行政思维、德治思维等管理思维不能解决的现实矛盾,理性运用法治思维即可迎刃而解。

> 某中学的一位教师为了逃避个人债务,一直没有上班,学校多次派法律顾问上门询问、书面送达通知和在当地主流媒体发布公告要求其回校说明原因未果。这种情境下,以行政思维强硬要求教师回校或以校长的道德修养说服教师回校显然不能解决问题。校长的做法是,依法向教育行政部门和人力资源社会保障部门提出解除其聘用合同的申请,最后得到了批准。

这个案例中,校长智慧地运用法治思维方式顺利解决了棘手的教师管理问题,充分体现出法治思维方式在学校管理实践中是一种管用的思维方式。

三、现状探析:明确影响因素

探析法治思维现状亦是运用法治思维方式的重要基础,明确其影响因素是为提升法治思维水平做准备。为了解中小学校长法治思维的影响因素,从校长自身因素、教育因素和环境因素三个方面进行思考,设计调研问卷,采用整群抽样、分类分层抽样相结合的方式,在北京市 S 区向中小学校长、中层干部及教师发放并回收有效问卷 1057 份。借助 SPSS 和 EXCEL 统计分析调研数据,形成了如下基本结论,仅供校长们在提升法治思维水平时参考和借鉴。

(一)法治认知影响法治思维养成

影响法治思维的自身因素是指校长自身的法治素养,包括校长的法治认知基础、法治热情和法治实践三个方面。数据显示,有 59.15% 的干部、教师认为校长的法治认知基础对法治思维的影响应当排在第 1 位,在三个影响因素中高居首位(见表 5-1)。

表 5-1　影响校长法治思维的自身因素各维度排序表

自身因素	第 1 位	第 2 位	第 3 位	总体排名
法治认知	59.15%	27.20%	13.65%	1
法治热情	27.40%	41.76%	30.84%	2
法治实践	13.45%	31.04%	55.51%	3

理论上讲,认知基础是思维水平的基础性条件。一般情况下,校长的法治认知水平高,则法治思维水平也高。实践中看,如果校长非常熟悉学校的规章制度和办事程序,那么,就有了在实践中运用规则思维和程序思维的基础;如果校长不了解学校、教师、学生的合法权益,对何为"公正"和"责任"没有正确认识,那么,就谈不上正确维护师生的合法权益,也很难公正处理管理问题,更谈不上在实践中运用法治思维去判断是非、解决问题、化解矛盾。因此,校长的法治认知基础对于法治思维的养成具有非常重要的影响作用。

(二)法治教育促进法治思维提升

影响法治思维的教育因素是指校长所参与的法治方面的教育和培训,包括法治基础理论讲座、法治典型案例分析、校长之间法治实践经验交流。相关数据显示,分别有 37.71% 和 38.32% 的干部、教师认为教育因素对中小学校长法治思维的影响力排在第 1 位和第 2 位,约占总人数的 76%。相比自身因素和环境因素,教育因素对法治思维的影响在总体上排在首位。虽然,有高达 40.24% 的干部、教师认为校长自身的法治素养应当排在第 1 位,但认为应排在第 1 位和第 2 位的人数约占总人数的 67%,总体上还是略低于教育因素的影响(见表 5-2)。

表 5-2　影响校长法治思维各因素重要程度排序表

影响因素	第 1 位	第 2 位	第 3 位	总体排名
教育因素:法治方面的教育和培训	37.71%	38.32%	23.97%	1
自身因素:校长自身的法治素养	40.24%	27.10%	32.66%	2
环境因素:所处法治环境和氛围	22.05%	34.58%	43.37%	3

基于以上分析，教育因素对于促进校长法治思维提升影响较大，校长的法治素养需要通过法治方面的教育和培训来夯实。因此，实践中应当着力加强法治方面的培训和考核：一方面，加大中小学校长法治教育制度化的力度。建立中小学校长法治教育制度和专项培训计划，以保证系统化的校长法治培训课程得以实施，夯实法治基础知识，保持法治教育的常态化；另一方面，加强校长任职前的法治思维和法治素养考核评价，在校长选拔任用、考核评价制度中，真正将法治素养作为重要内容。

(三)法治环境影响法治思维运用

影响校长法治思维的环境因素是指校长工作时所处的法治环境和氛围，包括社会的法治宣传、所在地区的法治环境、学校的法治氛围三个方面。相比自身因素和教育因素，环境因素的改善较为缓慢且具有不可控的特点，因此，对其应当给予更多的关注和研究。

第一，大环境之于小环境对校长法治思维的影响更大。数据表明(见表5-3)，三方面环境因素对校长法治思维运用的影响从强到弱的排序是社会的法治宣传、所在地区的法治环境、学校的法治氛围。社会的法治宣传对校长法治思维的影响总体排名在第1位，所在地区的法治环境总体排名在第2位，学校的法治氛围总体排名在第3位。

表5-3 影响校长法治思维运用的环境因素各维度排序表

环境因素	第1位	第2位	第3位	总体排名
社会的法治宣传	46.71%	27.00%	26.29%	1
所在地区的法治环境	25.78%	47.42%	26.80%	2
学校的法治氛围	27.51%	25.58%	46.91%	3

表5-3的数据说明社会法治宣传对校长法治思维运用的影响最大，有的校长由此认为，因为社会法治环境不可控，所以在学校管理中运用法治思维的空间和条件会受到限制，认为在社会大环境的法治氛围还未形成的前提下，学校小环境里没必要强调运用法治思维进行管理。这种说法不可取，全面推进依法治校的时代要求下，校长作为学校的领导者应当在自己学校的小环境中，努力践行依法治校，为形成更好的社会法治环境贡献智慧和力量。

第二，法治思维运用程度与环境的复杂程度密切相关。调研显示，城区、城乡接合区域、乡镇学校校长运用法治思维的表现存在差异，城乡接合区域校长与城区、乡镇学校相比，法治思维现状的总体表现及各项指标均偏低，尤其是在权利保障思维和公正思维方面得分均为 4.01 分（满分为 5 分，见图5-3）。

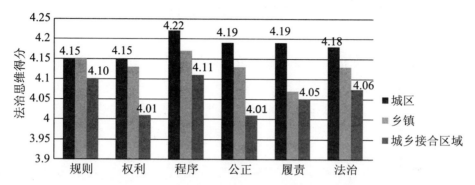

图 5-3　不同地区校长运用法治思维的表现水平对比图

这在一定程度上表明，城乡接合区域复杂的经济、社会环境和当地家长法治意识参差不齐，影响到校长法治思维运用和法治实践表现。由于人与环境的互动关系，一个具有良好法治思维的校长，身处不同的社会环境中，其法治实践的表现方式自然会存在差异。在复杂的社会环境中，校长面对的管理问题更加复杂，依法管理所承担的压力更大，需要更加坚定的法治信仰和更强的法治实践能力。

第三，学校内部制度环境对法治思维的运用具有最直接的影响。实践表明，尽管学校法治氛围对校长法治思维方式的运用影响最小，但是校长在营造学校法治氛围和文化上具有主导作用和足够的能力。法治思维方式在学校中得到有效运用，需要学校内部制度环境的支持。校长应当将依法治校纳入整体工作规划，明确学校领导班子、各级职能部门、工作岗位的职责，建立健全工作要求与目标考核机制；建立健全学校的各项规章制度和机制，以良好的内部制度机制环境，保障师生主体地位的落实，真正形成学校内部良好的法治氛围。

总之，校长的法治认知基础、参与的法治教育的质量及所处的工作环境，会在不同程度上影响中小学校长的法治思维的养成、提升和运用。在全面推进依法治国的时代背景下，应倡议全社会各行各业携手共建良好的法治环境，为中小学校长营造有效运用法治思维解决问题的氛围，进而建立健全现代学校治理体系，培养具有民主法治精神的现代公民，实现依法治校与教育使命的深度融合。

第二节　思维实践

一语不能践，万卷徒空虚。实践是人们改造自然和改造社会的有意识的活动，中小学校长每一天的法治实践都是改造日常管理中不符合法治理念和精神的行动，都是在有意无意地磨砺和提升自己的法治思维境界。本节从公正、规则、权利、程序、证据和责任六种具体法治思维中，分析校长思维实践中应当注意的关键点。

一、公正思维：公平而不偏私

公正思维是法治思维的价值取向和目标追求，是一种公正而不偏私的思维方式。公正思维的价值与第一章提到的公平原则的价值相一致，是真正成功践行依法治校的测量仪。在管理实践中，有效运用法治思维有以下两点需要特别关注。

（一）坚守管理中的公正之心

公正就是公平正直，没有偏私。荀子说，公生明，偏生暗。只有在学校管理中坚守公正之心，才能够公开透明地协调评职、评优、评先中的各种重要利益关系，才能最大限度地避免利益冲突。

有一位老师能力强，个性也特别强，在分派任务时经常会提出不同意见，教学校长每次都觉得心里不舒服，对这位老师没有什么好印象。在一次骨干教师推选中，教学校长没有选这位老师，她以一票之差落选，按照评选标准这位老师是应当评上的。过了几天，教委又增补了两个骨干教师名额，这位老师顺利成为骨干教师了。教学校长内心有些惭愧，觉得该是人家的就是人家的，自己存了私心，失了公正之心，实在是不应该。

以上案例给我们最重要启示是：在学校管理中，无论是面对上级、平级、下级，还是面对学生和家长，即使是触及自身的物质或精神利益，诸如荣誉、尊严等，也应保持和坚守公正之心。校长在配置资源，组织实施专业技术职务评聘、岗位聘任、学术评价和各种评优活动时，要按照公开公正的原则，实现过程和结果的公开透明，确保信息公开和办事公开，接受利益相关方的监督，确保公平不偏私。

（二）避免管理中的显失公平

民法中有一个显失公平的概念，是指一方当事人利用自己的优势或者利用对方没有经验，致使双方的权利与义务明显违反公平原则。

某校主管教学的张校长刚刚任职半年，接到学校迎接上级单位督导的任务，这次督导需要班主任准备的材料比较多。由于班主任平时工作都很忙，布置任务非常不容易，他只好给新入职的班主任刘老师多分派任务，因为年长的班主任很难分派教育教学之外的工作。督导前一天，由于需要汇总的材料太多了，他又向刘老师布置了一项急需完成的工作。刘老师没有办法，就接受下来。教研组长却愤愤不平地说："这事儿应该是学校领导来做，为什么总让你做，这不是欺负人嘛。"刘老师也觉得委屈，认为张校长分派任务不公平。

这是管理中隐性的显失公平现象，新入职的教师对自己的工作职责还比较模糊，而且对领导交付的任务通常都不好意思回绝。校长在分派任务的过程中，要注意避免这种隐性的显失公平的行为和现象。

二、规则思维：遵守而不偏离

规则思维是法治思维的基础，体现为以规则为依据，尊重规则、遵守规则、运用规则。某件事应不应该做，先找一找做或不做的依据是什么，这是规则思维；能够找到做某件事所依据的关键规则，而且不因为复杂的实践情境所左右而违反规则是规则思维水平的重要体现。

（一）在复杂情境中遵守规则

对于校长而言，在常态化的管理情境中，遵守规则并不难，但是在复杂的情境中却并不容易，需要从复杂情境中找到最核心、最关键、最应当坚守的规则，才能更好地应对和解决学校管理中的问题。

2020年一场突如其来的新冠肺炎疫情，引发一场没有硝烟的战斗。后疫情时期，学生复课工作给学校带来新的管理压力和挑战。4月底，某校初三年级复课前，被家长和学生举报，原因是违反国家法定节假日的规定，于5月4日提前进行网上授课和辅导，而且占用了学生一天的假期。经当地教育行政部门了解，原来是学校在知悉五一放假安排及返校要求后，从初三学生合理安排学业的实际出发，决定将"5月1日至5日放假、6日至9日正常工作日、10日周日正常休息、11日初三学生返校"的安排调整为"5月1日至3日休息三天、4日至8日上五天网课（正好一周）、9日至10日休息两天、11日初三学生在做好防疫工作基础上统一返校"。学校本以为这样的安排更加合理，却被家长和学生举报。紧接着，学校重新发了通知，开头一句是：应家长和学生的要求，初三年级5月1日至5日休息。

这个案例中，学校的初衷值得肯定，从初三学生的家长和学生迫切需要学习的角度去思考和行动，希望更合理地安排网上学习、日常休息和返校工作。但是，学校忽视了依规管理的重要作用，越是情况复杂，越要坚守规则。在防疫复课的复杂情境中，无论是学校最初的决定，还是后发的通知均应当是按照五一国际劳动节国家法定节假日安排，而不是学校自己认为合理或是家长和学生的要求。当然，绝大多数家长都能够接受学校的调整，但是，如果个别家长不能接受，以占用学生学习时间为由进行举报，"按照法定节假日安排，学生在5月1日至10日之间应当休息6天，而按学校的安排学生在5月1日至10日之间其实是休息了5天，剥夺了学生1天的休息时间"。可以说，家长确实是有据可依，而学校从学生实际出发的初心不能成为占用学生休息时间、违反国家规定的理由。可见，在复杂的管理情境中，尊重、遵守和运用规则的思维尤其重要。

（二）不要因为面子忽视规则

学校管理中，规则与情面之间总会有两难选择。践行依法治校的视角下，校长的主张应当是不因为面子忽视规则，这是规则思维的重要标志。

　　某中学组织一次大型观摩活动，团委书记小张负责签到工作，小王老师负责在签到处给观摩者发资料和饭票，这是两人相互约定的任务规则。会议 9：00 开始，刚过 8：00 观摩的教师就陆续来了，小张书记和小王老师各司其职，签到处井然有序。这时，有一位来学校观摩的女教师说："老师，能不能借我一支笔，今天出门着急，把笔袋落在家里了。"小张书记犹豫了一下："好的，您稍等。"他转身对小王老师说："王老师，现在人还不多，你去办公室找几支笔来，咱们备着点儿，没准儿，等会儿还会有人用笔。"事有凑巧，小王刚刚离开不久，大拨来观摩的老师到了，这忙坏了小张书记，又是签到，又是发资料，又是发饭票，忙乱中还把小王老师事先分好类的资料给发错了。

　　这个案例中，未带笔的女教师的突然出现和提出的请求，是对小张书记规则思维的考验，小张书记和小王老师的职责很明确，各自应当做什么，不应当做什么，应当按照既定的规则。小王老师的任务是签到、发资料和发饭票，而不是为来观摩的教师提供笔。小张书记让小王老师离开签到处的决定，直接导致小王老师不能依既定规则司其职，这显然不是规则思维。小张书记答应了这位女教师的请求，在人际交往中越不过面子，让人感到这是位热心的管理者，但却不善运用规则思维。规则思维下的处理方式是：如实告诉忘记带笔的女教师，签到处还真没有富余的笔，建议她向其他老师去借，同时记得以后在组织活动时在签到处多备几支笔。这样便能够做好分内工作，小王老师不用离开，也不会造成资料发放错误。总之，不要因为面子忽视规则，造成不必要的管理失误。

三、权利思维：尊重而不漠视

　　权利思维是法治思维的重要内容，约束着管理权力，影响着管理方式。在实践中，尊重和维护教师和学生的权利是权利思维的主要体现。

　　一天早上，某中学主管教学的王校长检查各班落实英语早读要求的情况，发现有两个班的学生没有朗读声音，进入教室一看，学生们各干各的，领读生也没有站到前面。王校长询问情况后，直接安排学生进行英语朗读。他走出教室，正好看到该班英语张老师，就很严肃地说："以后要注意提前安排好朗读作业，安排好领读生。"张老师回应说："校长，昨天和学生们商量，想先让学生各自把课文背几遍，再朗读。"王校长听了有些生气："昨天开会刚强调了早读要求，今天就不落实，那不是无组织无纪律吗！"张老师还想再解释一下，王校长没有理会，就风风火火忙别的去了。王校长反思早上的事：一是觉得自己说话和管理方式太强硬了，只考虑教师应该按要求做，却没从教师的角度考虑问题，年轻的张老师在工作中善于思考、有创新是好事。二是觉得学校的早读要求，确实没有根据各班的实际情况和每位教师的教学风格来考虑，没有尊重教师的教育教学权。想到这里，他先给张老师发了短信，约在第二天好好聊聊早读怎么开展。

(一)权利思维约束管理权力

本案例中，王校长的管理权力在最初运行时，没有启用权利思维，居高临下地要求教师按照规定组织早读，进行反思后，意识到应当尊重教师的教育教学权，考虑到各班的实际情况和每位教师的教学风格，并决定对学校的早读要求进行再思考，这是权利思维对管理权力的有效约束，有助于校长管理权力的合理运作和正确行使。

(二)权利思维影响管理方式

在没有运用权利思维的情况下，王校长只是命令式地行使管理权力，履行管理职责，责备张老师没有按照管理要求进行教育教学，也没有给教师解释的权利和机会。经过反思后，校长约张老师谈话，征求意见和建议。尊重而不漠视张老师的独特想法，这是权利思维影响下的民主管理方式在实践中的具体体现，有利于校长引领学校向多元主体参与共治的现代治理迈进。

四、程序思维：遵从而不抱怨

程序是法治和恣意而治的分水岭，程序思维是法治思维的重要表现。坚持依法治校，要处理程序与效率的关系，需要耐心遵从程序，避免不必要的抱怨。

（一）遵从程序旨在保障权益

在学校管理中，尤其是涉及师生重大利益的管理事项，校长应在问题调研和阅读文献基础上酝酿设计，初步形成管理议案；经过多方多次讨论、充分论证的民主程序，公开广泛征求校内外利益相关方的意见后，进行民主表决，公示之后，方可推行管理方案。遵从这样的基本管理程序，其真正目的在于切实保障学校、教师和学生的实体权益。

此外，在实践中还有一些看似微小却极其重要的管理程序需要认真遵从，如学校项目资金审批签字的管理程序，需要具体负责人、主管领导、单位一把手层层审批签字。而不是一把手先签，然后其他人再签。理由主要有两个：一是如果校长先签了，其他人就没有再签的必要，而且其他人会有不被尊重和重视的想法；二是层层签字的价值在于从负责教师、中层管理者和校长每一层都了解、监督这件事，这样确保了每项管理事务的利益相关人的权益。总之，遵从程序对于保障学校和师生的合法权益至关重要，切不可抱怨程序烦琐，在行动中减免既定程序。

（二）避免管理中的程序缺失

依程序办事过程中，有一种很朴素的能力就是"不怕麻烦"的能力。一件事要经过合法合理的程序可能需要很长的时间、很多沟通环节，别嫌麻烦，省略掉一个程序或者程序混乱，都可能造成麻烦。

某校主管德育的副校长，在与滑雪场续签合同时，觉得是长期合作单位，又是延续项目，没有和领导班子商量，在未认真阅读合同条款内容的情况下，直接代替校长签了字，而且忘记向校长汇报。谁知发生了学生滑雪时的意外伤害事件，合同中赫然写着一旦发生意外，由校方全权负责。这给解决这次纠纷带来了一些麻烦，因为校长根本不同意这个条款，但他又确实不知情。经过一番复杂的协调沟通后，纠纷才得以妥善解决。

此类程序缺失，增加了解决问题的难度和管理负担，是不遵从程序引发的不良结果。严格按照程序做事，似乎成本高、费时间、效率低，但程序让管理更加理性，更能保障公平和秩序，也往往能够取得更好的管理效果。

五、证据思维：无证据不轻动

证据是能够证明某事物真实性的有关事实或材料，证据问题是法律诉讼中的核心问题，只有依据充足的证据才能做出公正的裁判。校长在解决学校管理问题时，需要运用证据思维，主要体现为无证据不决策、无证据不辩解两个方面。

（一）没有证据不做行动决策

证据思维在校长的行动决策中发挥着重要的作用，而行动决策是学校管理环节中的核心与中枢。美国管理学家西蒙认为，管理就是决策。某种意义上说，决策是管理的核心，学校的管理活动和管理问题的解决是围绕决策而展开的。

> 某初中校主管总务的 C 校长收到节水办发出的超定额指标用水加价通知书，吃了一惊。这几年学校用水指标一直保持稳定，从未出现过超定额指标用水现象。面对这张用水加价通知单，C 校长不是直接向节水办询问，而是迅速组织节水工作领导小组进行拉链式检查，找到超标原因。经排查发现：另一所小学六年级 400 余人借用学校教学楼一层上课，增加了 400 余人的日常用水量，而节水办拨给学校的用水指标中未包含这部分用水。掌握这个证据后，C 校长决定向节水办书面说明学校定额指标用水出现超标原因，并提出增加学校用水指标申请。

做决策是校长重要的领导职责，没有证据不做行动决策是校长运用证据思维的体现。本案例中，C 校长经过拉链式检查，找到了向主管部门主张权利的证据，保障了行动决策的正确性。

（二）解决问题不做无证辩解

解决问题时不进行无证辩解是证据思维的另一具体体现，空口无凭不能解决问题，充足的证据有利于解决教育管理问题。以下承接上面的案例做进一步解释。

由于不能证明用水超标是用水人员增加造成，还是学校用水跑冒滴漏造成的，学校增加用水指标申请没有得到节水办的同意批复。接下来的两个月，学校仍然属于超定额指标用水单位。这时，C校长不是向节水办辩解"真的不是我们学校浪费水的原因"，而是再次与节水办沟通协调，对学校所有用水设施安装设备进行"水平测试"，最后证实学校自来水管线及设备运行正常，属于正常实际用水量。基于这个证据，C校长再次向节水办提出增加用水指标申请。由于证据充分，节水办此次同意增加学校用水指标。

可以说，C校长在整件事情处理过程中，本着依靠证据解决问题的态度，圆满解决了此次超额用水事件。可见，证据在手，才能进行有力的解释，也才能更有效地解决问题。总之，在践行依法治校的实践中，没有证据，不要轻言，不要轻动。

六、责任思维：有责任不规避

责任思维是法治思维中极具挑战性的思维方式，它直接关系当事人责任的分摊与承担。从依法治校这个角度来讲，无论是否起诉、是否经过司法程序，都应当依法依规公正分摊责任。虽然趋利避害是人之常情，但是秉持公正、保障权利是践行依法治校的价值追求和主要内容。简言之，责任思维即在实践中有责任不规避。

某校初二年级，两名学生课间在教室外打闹，小C顺手扔一个小石子，不巧正好砸在小A左眼上，当时造成了出血。班主任向德育校长及时反映了此事，学校第一时间将受伤学生送到医院进行了妥善救治，同时通知了双方的家长，到医院进行事故的前期处理。德育校长居间调解，希望三方达成理解，提出了学校免责的事由"学生在校期间禁止追逐打闹"，形成了初步解决办法：两个孩子在此事件中都有责任，但鉴于A学生是受伤害方，所以医药费由C方全部支付。

从依法治校的角度来分析，以上初步建议存在两个不恰当的地方：一是学校规避了应当由自己承担的责任，二是提出的免责事由不足以成为真正免责的依据。正确运用责任思维，主要体现在如下两个方面。

（一）不规避学校的法定责任

本案是一起未经起诉，学校和家长之间私了的校园伤害事故。校长在事件处理过程中，只把学校作为组织双方家长和自己一起来商量解决纠纷的召集人，在形成的初步解决办法中，学校也并没有承担任何责任。事实上，本起事故发生在课间，属于学校的管理职责范围，意味着学校不是置身事外的居间调解人，而是事故的责任相关方。学校、A学生及其父母、C学生及其父母均是本次事故的当事人，是责任相关人。按照法律规定，如果学校能够提供证据证明已经尽到了足够的教育、管理、保护职责，则可以免于责任。如果学校有教育、管理上的过错，疏于教育管理或者有管理漏洞等情形，则应当承担相应的过错责任。即使在私了的情况下，学校也应当参照法律法规解决问题，而不是或有意或无意地规避学校的责任。

（二）免责事由应具有合法性

《学生伤害事故处理办法》明确规定学校可以免责的情形，第十二条规定了"学校已履行了相应职责，行为并无不当的，无法律责任"的六种不可抗力事件、突发事件的情形；第十三条规定了"学校行为并无不当的，不承担事故责任"的四种超过学校合理管理职责的情形。只有符合以上法定情形，学校才可能在事故中免责。本案例中，学校提出的"学生在校期间禁止追逐打闹"的相关规定不能作为免责理由。学校是否承担责任，承担多少责任，不在于禁止打闹的规章制度有没有，而在于是否依据相关规定充分履行了教育、管理和保护职责。如果既不能证明学校和班主任老师对学生进行了课间安全教育，也不能证明课间安全管理毫无漏洞，那么学校就应当承担相应责任，与C学生的家长一起分摊民事赔偿责任。

最后总结本节内容。本节旨在阐明校长在法治思维实践中，运用六种具体思维方式时应当把握的关键点，包括公平而不偏私的公正思维、遵守而不偏离的规则思维、尊重而不漠视的权利思维、遵从而不抱怨的程序思维、无证据不轻动的证据思维和有责任不规避的责任思维，为校长正确运用法治思维方式提供思路和方法。

第三节 思维境界

每一种思维都有不同的水平和境界，法治思维同样如此。校长在运用法治思维方式分析教育管理问题和现象时，表现出不同的思维境界。从对法治的感性认识上升至理性认识，再到养成法治思维习惯，热衷于运用法治思维和法治方式解决问题，是校长在现实要求和时代挑战中持续实践的结果。以下从初步运用、熟练运用和热衷运用三个层次来阐明法治思维的三种不同境界。

一、尝试运用：抓住条件要素

尝试运用是指掌握基本法治知识之后，有意识地在管理实践中运用法治思维方式。这一层次上，关键是抓住运用法治思维方式的条件要素，主要包括自信力、同理心、好脾气等良好的心理要素，管理者还不能综合运用公平、规则、权利、程序、证据、责任等具体思维方式。

S学校规定：学生家长只能在学校门口接送学生。如果有家长要求进学校接孩子或是要见老师，必须由门卫传达给主管领导，主管领导同意了，家长才能进入校园。主管德育工作的S校长是执行这条规定的领导，运用规则思维实施这条校规时，遇到了各种具体问题，他需要注意抓住以下条件要素，才能在运用法治思维过程中获得良好的管理效果。

(一)运用法治思维应当有自信力

实践中，有一种观点认为法治思维是不讲人情的思维方式，以此进行管理不被学生和家长接受。校长，特别是新任校长在运用法治思维时会有缺乏自信的表现。在决定尝试运用法治思维时，应当有足够的自信心，这样才能在实践中真正发挥这一思维方式的作用。

　　一天下午放学时间，S校长在学校门口例行巡视。有位家长一直没有等到自己的孩子非常着急，要求到班里去找找。S校长犹豫了一下，没有同意，一方面安慰家长不要着急，解释说："如果您一走，孩子就来了，不是又和孩子走岔了吗？"另一方面与班主任沟通，负责督促学生离校。过了五分钟，孩子来到校门口，说是在问老师几道数学题。

　　S校长依据学校管理规定，坚持请家长在学校门口等待接学生，一面向家长进行合理解释，一面与班主任积极沟通，这样的处理方式是在自信地运用规则思维解决管理问题，取得了好的管理效果。

　　(二)运用法治思维应当有同理心

　　运用法治思维只有自信不够，还需要有同理心，就是将心比心，设身处地理解他人的情绪、情感。

　　一天下午放学时间，S校长隔着窗户看到有几个家长进了校园，很是生气，认为保安不按学校的要求办，他当即给保安打了电话："杨师傅，你怎么这么不负责任？家长进来，你怎么不管？"杨师傅急忙解释道："我管了，可他们说是老师让来的，我就让进去了……"S校长没等对方说完，唉声叹气地把电话挂了，想着这事儿还需要在全体教职工会上重点强调一下。第二天早上，S校长接到一条短信：校长，你真是太欺负人了，要是学校的老师你会那么说话吗？你们这些领导根本看不起保安。S校长吃了一惊，他并没有因为杨师傅是保安才以责备的口气说话，而是由于校规落实不力而情绪不好。

　　落实学校管理规定时，通常需要全体教职工的通力合作。S校长自己坚持运用法治思维，也希望教职工能够很好地执行"学生家长只能在学校门口接学生"这条规定。但是，他忽视了教职工的个体差异，每位教职工岗位职责、工作能力、心理状态不同；对于保安杨师傅来说，他可能认为自己在执行规定中已经很尽力了，但还是被领导责备。因此，校长应有一颗同理心，注意设身处地从每位教职工的实际情况出发，才能真正运用好法治思维。

(三)运用法治思维应当有好脾气

法治思维是一种理性、冷静的思维,非常适合思考和处理问题,因此,运用法治思维还应有好脾气,遇事控制情绪,不要生气。

　　S校长认真反思后,找杨师傅当面解释:"杨师傅,昨天说话太着急了,别生气了啊。"杨师傅有些赌气地说:"校长不生气,我就不生气。"S校长苦笑一下:"好,咱们以后都不生气。"

这个细节表明,依规管理并不意味着强硬、霸气,而是需要理性平和的态度。没有人能够在急躁的状态下有效地思考和处理问题,有位德育校长说:"在处理突发事件时,先要自己保持冷静,先稳定家长的情绪,而不是急于要求家长按照学校的规定来做。等家长冷静下来,再巧妙地与家长协商,按照学校的规章制度办。否则,如果处理不当的话,会牵扯学校很大的管理精力,还可能给学校造成人力、物力、财力上的损失。"可见,急躁生气不仅于事无益,而且影响运用法治思维的效果。

二、熟练运用:掌握关键要领

校长在持续尝试运用法治思维过程中,法治思维水平和法治实践能力均会获得提升。熟练运用是指在初步运用基础上,能够综合运用具体的法治思维方式思考和解决问题的境界,其要领主要体现在以下三个方面。

(一)在多维分析中综合思考角度

法治思维方式的运用不是机械、单一的,需要分析现实情境,切换思考角度,以保证认识、判断、推理的准确性。

　　S校长新到任一所农村小学,新学期开学前的教育培训大会正在有序开展,这所学校是分会场之一,老师们正在观看主会场的视频直播。下午4:30会议还没有结束,但老师们突然集体离开了会场。校长不知发生了什么,找到一位老师问原因,老师说:"通知上说,下午会议时间是1:30～4:30,到时间了,我们就走了。"

这个案例中，需要讨论的是：教师的行为是值得鼓励的，还是不被肯定的？回答"是"或者"不是"均会把这个问题简单化，回应和解释这个问题，需要放在整个学校的管理系统中切换角度，综合分析，而不是得出非此即彼的结论。

新到任的校长对学校原有管理状态不了解，开始他认为："会议还没结束呀，怎么能走？尊重呢？"此时，校长是从公共道德角度思考问题的。接着他了解到，学校的教师们普遍认为要求教师上课不能拖堂，那么领导开会也不能拖会。此时，他认为教师到了散会时间离场的行为完全可以理解，这其中体现着依规作为和主张权利的法治意识，这是从依法治校的角度看待问题的。然而，他又想到会议还未结束，教师们却一哄而散，似乎在工作态度上或是师德方面，甚至在学校文化方面有可能存在一些问题。

多维度进行分析后，校长的做法是从长计议，在此后的教师会议中、日常交流中，有意识地进行三种价值引导：一是肯定教师的民主意识和法治精神，这是学校走向现代化的重要标志；二是向教师讲解民主行使是有条件的，参与管理学校需要理性的民主，而不是任意为之；三是从道德修养和学校文化层面进行正面引导，依规行事不是独行于个体道德和团体文化之外，而是融合在学校管理实践中的。可见，真正运用法治思维是在坚持和落实民主平等的法治理念下，把法治、道德、情感、文化等方面的思考角度整合起来，解释和处理学校管理问题和纠纷，这是校长熟练运用法治思维的重要体现。

(二)在即时改进中拓展思维广度

承接上面的案例，教师们关于"领导开会不能拖会"的观点，带来的最直接的行为方式是：会议只要到了规定结束时间，教师们就不管不顾地离开会场。这是个需要即时改进的问题，否则如果再遇到类似的情景，老师们可能还会选择这样做。因此，校长除了综合思考后的从长计议，还需要直指问题，思考如何即时改进。此时，校长运用法治思维的目的不是针对教师的观点和行为的对或错，而是要拓宽思维的广度，从此事联想到彼事，从校内联系到校外，帮助教师以最快的速度改变现有行为方式，在今后类似的情景中，既保有起码的法治精神，又表现出足够的道德修养。

第一，要考虑到会议规定的例外情况。学校有的会议内容特别重要且紧急，出现延长会议的情况比较常见。这时，应当注意与教师及时沟通，比如在会议通知中或是开会前表明："由于今天会议又增加了一项内容，需要延时10～20分钟，希望大家按时参加。"相信以尊重权利为出发点的灵活落实，一定会获得教师的理解与支持。

第二，要考虑到会议规定的弹性空间。教师外出参加各种会议或活动，如果比规定的时间延长了一些，无特殊情况，不要提前离场，这是在道德习惯上对会议举办方的尊重。但是，有一个延伸思考，如果到了规定结束时间，会议持续拖延时间太长，老师有礼貌地提前离场，便无可厚非。所以，无论会议的举办方，还是参会方，应当相互尊重约定时间和既定规则，在合理限度内或缩短或延长会议时间，无论哪一方，突破这个合理限度，便多有不妥。

(三)在不同情境中调整运用尺度

在不同管理情境中，校长运用法治思维的尺度不同，这是熟练运用法治思维方式的又一重要体现。

> 有位校长历经了两所规模不同的学校，他说："依法治校是按照法治规则、原则理性地办事，但是在管理里面有情感因素，原来我在 X 学校时，规模小，感觉在管理过程中，情感因素占得比较多，规章制度比较少；现在到了 Y 学校，规模大，管理时情感因素发挥的作用有限，而且还容易使教师之间产生一种不公正感，所以，主要是制度管理和文化管理相结合的办法。"

本案例中，校长经历了两所不同规模的学校，在不同的情境中运用法治思维，总结了自己的运用经验。学校规模小时，运用法治思维方式的尺度就小；学校规模大时，运用的尺度就大。这是思维与情境互动的结果，校长主观上坚持运用法治思维，而在客观上难免会受到学校师资、生源、文化和发展基础等情境因素的影响，这就需要校长熟练运用法治思维方式，在不同情境中调整运用尺度。

三、热衷运用：回归法治信念

热衷运用是在熟练运用的基础上逐步实现的，这是从高超的法治实践能力向着坚定的法治信念前进的过程，伴随学校管理中常态化的法治实践及校长自身的现代化，校长最终将成为具有坚定法治信念的领导者。

(一)热衷运用表现为常态化的法治实践

学校管理中，习以为常的法治实践是热衷运用法治思维方式的实践形态，常态化的法治实践就是校长不再把法治实践作为一种特殊的实践，仅仅在每年的法治节日或是在出现学生伤害事故时，才把珍藏已久的"法治"晒出来，仓促地应对棘手的管理纠纷，而是每一天都在自觉地保护学生合法权益、引领教师依法治校、改进学校规章制度，热衷于运用法治思维方式思考、应对和解决教育管理问题和矛盾。

(二)热衷运用表现为校长自身的现代化

热衷运用法治思维方式是校长自身现代化的重要标志。学校治理的现代化首先是人的现代化，人的思维方式现代化使得人的行为现代化成为可能。在日常教育管理过程中，校长运用法治思维方式，治校理教，落实法治理念和师生的主体地位，尊重师生的合法权益，充分发挥教师、家长及社会各界参与学校管理的作用，协调多方利益关系，形成民主、平等、自由、公正的学校氛围，真正促使学校治理走向现代化，这样就意味着校长自身实现了现代化。

(三)热衷运用表现为成而信的法治信念

校长在践行依法治校实践中，如果愿意尝试运用法治思维方式，并在持续的实践中达到熟练运用的程度，并将其自觉运用到管理实践中去，特别是遇到管理问题时，就积极、主动地运用法治思维来分析、判断、阐释和解决，那么，就能够达到热衷运用法治思维的境界。这种境界不仅意味着校长具备了丰富的法治知识和很强的法治实践能力，而且意味着他曾经成功地解决过诸多法治问题，积累了丰富的依法治校的经验和智慧，更意味着其对依法治校这一治理方式所蕴含的价值和功能确信无疑。所谓知而信之、行而信之、成而信之，校长已经形成了一种发自内心的、真正的、坚定的法治信念。

最后，总结本章内容。校长提升法治思维境界是践行依法治校的内在要求，法治思维基础是法治知识补充、法治理论增加和法治价值引导的过程，重在认同法治价值；法治思维实践是校长有意识地运用法治思维思考、解决教育管理问题的过程，重在实践磨炼，是法治思维提升的关键所在；法治思维基础与法治思维实践相结合，切实提升了校长的法治思维境界，从而促进校长成功践行依法治校，推动学校治理向现代化迈进。

结 语

　　在新的时代背景下，依法治校已成为现代学校管理中重要的管理理念之一，意味着新时代教育管理方式的根本变革。伴随我国法治和民主进程加快，校长对依法治校的内涵、原则、作用和意义的理解将越来越深刻，这种深刻性既体现在语言与文字表达上，又反映在行动与反思中，还深潜在观念与细节里。如果我们纵向地比较，看一看十几年前与现在的场景或情景，就会有一种莫名的感动并深受鼓舞，校长的法治理解更加全面、准确和深入了，法治实践更加理性和自如了，这是伟大时代的必然产物，也是实践者不懈努力的结果！迎着新时代改革的浪潮，我们找到了依法治校的方向和着力点，且憧憬着一种更加理想的未来法治图景。在这个图景中，有平等协作的多元共治机制和公正的权益分配制度，呈现一种井然有序、张弛有度、真诚互动、平衡和谐的管理状态；有以培养全面发展的人为终极目标的管理设计、行动以及依法治理的思维方式，呈现一种正直理性、包容个性、尊重权益、爱而有度、解难而进的成长氛围。让我们一起向着理想图景前进，在法治时代里智慧工作、幸福生活吧！

参考文献

一、主要著作类

[1] 孟德斯鸠. 论法的精神[M]. 许明龙, 译. 北京: 商务印书馆, 2012.

[2] 褚宏启. 教育政策学[M]. 北京: 北京师范大学出版社, 2011.

[3] 褚宏启, 等. 论教育法的精神: 为了人的自由而全面的发展[M]. 北京: 教育科学出版社, 2013.

[4] 葛新斌. 学校组织与管理[M]. 北京: 北京师范大学出版社, 2015.

[5] 简·尼尔森, 等. 正面管教[M]. 玉冰, 译. 北京: 北京联合出版公司, 2016.

[6] 姜歆. 细说中国法律典故[M]. 北京: 九州出版社, 2008.

[7] 劳凯声, 蒋建华. 教育政策与法律概论[M]. 北京: 北京师范大学出版社, 2015.

[8] 劳凯声. 变革社会中的教育权与受教育权: 教育法学基本问题研究[M]. 北京: 教育科学出版社, 2003.

[9] 李晓燕. 学生权利和义务问题研究[M]. 武汉: 华中师范大学出版社, 2008.

[10] 刘锐. 领导干部法治思维十讲[M]. 北京: 中国法制出版社, 2015.

[11] 刘哲昕. 法治才是硬道理[M]. 北京: 法律出版社, 2015.

[12] 王世忠. 现代学校管理学[M]. 北京: 科学出版社, 2019.

[13] 吴回生. 教育法学：学校法律问题导引[M]. 北京：中国人民大学出版社，2014.

[14] 吴献新. 校长依法治校之行动研究[M]. 北京：高等教育出版社，2015.

[15] 夏锦文. 法治思维[M]. 南京：江苏人民出版社，2015.

[16] 肖北方. 教师职业理想与道德[M]. 北京：北京师范大学出版社，2013.

[17] 谢志东. 教育法规讲读[M]. 北京：北京大学出版社，2001.

[18] 徐斌. 制度建设与人的自由全面发展[M]. 北京：人民出版社，2012.

[19] 徐晓虹. 解密教育议事会：现代学校制度的设计与操作[M]. 杭州：浙江大学出版社，2018.

[20] 杨颖秀. 教育法学[M]. 北京：中国人民大学出版社，2008.

[21] 叶芸. 教育法学[M]. 北京：北京师范大学出版社，2015.

[22] 余雅风. 学生权利论[M]. 北京：北京师范大学出版社，2009.

[23] 俞可平. 治理与善治[M]. 北京：社会科学文献出版社，2000.

[24] 周大伟. 法治的细节[M]. 北京：北京大学出版社，2016.

二、核心文章类

[1] 鲍传友，冯小敏. 徘徊在公平与效率之间：中国基础教育管理体制变迁及其价值向度[J]. 教育科学研究，2009(5).

[2] 鲍传友. 重构学校治理权力关系[N]. 中国教育报，2015-10-29.

[3] 陈鹍. 家长教师协会：保护未成年人权益的组织选择[J]. 中共山西省委党校学报，2013(12).

[4] 陈维维. 学习自由：学习权利与学习价值的双重实现[J]. 当代教育科学，2011(5).

[5] 程骋. 中小学教代会制度运行研究[D]. 青海：青海师范大学，2017.

[6] 方芳. 中小学内部治理结构变迁中的问题与变革[J]. 教学与管理，2017(8).

[7] 冯捷. 教师参与学校治理研究[D]. 上海：华东师范大学，2019.

［8］冯统帮．法治视角下学校章程建设的实践探索——以宁海县为例［J］．领导科学论坛，2017(6)．

［9］高峰．走向治理的现代学校管理创新［J］．中小学管理，2019(10)．

［10］高宇翔．当前我国中小学依法治校存在问题及解决对策的研究［D］．沈阳：沈阳师范大学，2005．

［11］胡建淼．法治思维的定性及基本内容——兼论从传统思维走向法治思维［J］．国家行政学院学报，2015(6)．

［12］胡金木．现代学校治理的制度之善［J］．华东师范大学学报(教育科学版)，2018(2)．

［13］胡晋林．学校吸引家长参与教育的问题及策略研究［D］．长春：吉林外国语大学，2019．

［14］胡乾苗．把选择权还给学生——农村小学数学家庭作业设计策略研究［J］．小学教学参考，2013(3)．

［15］黄传慧，鲍传友，叶铖垒．多元主体参与下的学区治理困境与突破［J］．教育学报，2019(3)．

［16］黄迪皋．从外推走向内生——新中国中小学教研制度研究［D］．长沙：湖南师范大学，2011．

［17］黄武强．守正出新，促进教师可持续发展——莆田六中校本教研制度构建的探索与思考［J］．福建基础教育研究，2018(1)．

［18］蒋先福，陈兴宏．当代中国法治信念的缺失与重构［J］．湖南农业大学学报(社会科学版)，2001(6)．

［19］赖铭强．现代学校制度背景下的中小学章程建设研究——以深圳市某小学为例［D］．武汉：华中师范大学，2018．

［20］李洁．学习权现状的研究、趋势与展望［J］．湖北社会科学，2011(3)．

［21］李晓燕．中小学教师法律素养在法治教育中的师表作用及其实现［J］．中国教育学刊，2018(3)．

［22］梁好．学校需要什么样的学校规章制度［N］．中国教育报，2013-06-12．

［23］刘忠莲．城市初中学生学习权益保障问题调查研究［D］．重庆：西南大学，2010．

［24］卢正天. 治理视野下的中小学校长权力研究［D］. 上海：华东师范大学，2016.

［25］闵慧. 从"管理"到"治理"［N］. 中国教育报，2020-03-25.

［26］聂天祺. 依法治校视域下中小学章程建设的核心问题研究［J］. 教育现代化，2019(6).

［27］欧阳克俭. "教育权"的下嫁和"学习权"的建立［J］. 贵州师范大学学报，1996(1).

［28］庞凌. 作为法治思维的规则思维及其运用［J］. 法学，2015(8).

［29］祁雪春. 法治思维的层次机理与实现路径［J］. 安徽行政学院学报，2015(5).

［30］乔锦忠. 一部好章程，一所好学校［J］. 人民教育，2015(5).

［31］沈茂德. 科学制定学校章程五原则［J］. 人民教育，2015(5).

［32］沈益. 中小学校章程建设研究［D］. 上海：上海师范大学，2007.

［33］苏君阳. 70 年基础教育管理体制变迁与成就［N］. 中国教师报，2019-10-02.

［34］陶西平. 学校教育应有法治思维［J］. 人民教育，2014(12).

［35］万华. 中小学依法治校的误区及消解策略［J］. 中国教育学刊，2016(8).

［36］王建国. 法治思维的误区反思与培育路径［J］. 法治研究，2016(1).

［37］王倩薇. 我国中小学学校章程建设研究——以太原市为例［D］. 太原：山西大学，2017.

［38］谢丽丽. 论法治思维下的依法治校［J］. 法制博览，2016(1).

［39］严永红. 校本教研制度建设的回顾与前瞻［J］. 教育教学论坛，2014(5).

［40］杨杰兵. 中小学内部治理中的协商机制研究［D］. 上海：华东师范大学，2015.

［41］杨颖. 提升领导干部法治思维能力对策研究［J］. 中国领导科学，2016(2).

［42］尹达，田建荣. 我国基础教育学校章程：历史沿革、现实反思与改进策略［J］. 现代教育管理，2016(5).

[43] 尹习梅. 中学教师参与学校管理的模式构建与实践研究——以中山市第一中学为例[D]. 武汉：湖北大学，2016.

[44] 喻中. 近代法治信念是怎样形成的：一个思想史的考察[J]. 法学论坛，2011(1)。

[45] 张帆. 论信念与认识、信仰、价值观等的关系[C]//理想·信念·信仰与价值观——全国理想信念与价值观学术讨论会论文集，西安：陕西人民出版社，2000.

[46] 张清宇，苏君阳. 现代学校制度下教师制度化参与的内涵及意义[J]. 现代教育管理，2017(7).

[47] 张炎云. 中小学依法治校示范校国家评估标准研究[D]. 武汉：华中师范大学，2018.

[48] 张玉明. 运用法治思维和法治方式推动党的建设[J]. 吉林化工学院学报，2015(12).

[49] 张治华. 党校法学教育与领导干部法治思维的提升建议研究[J]. 法制与社会，2016(2).

[50] 赵萍. "教师教育惩戒权"应以教学专长为本[J]. 人民教育，2019(Z3).

[51] 郑智超. 中学学校章程制定与实施困境研究[D]. 上海：华东师范大学，2018.

[52] 祝郁. 法治思维更多地体现为制度管理[J]. 人民教育，2015(6).

[53] 邹维. "教育治理的迷失与回归"——兼论与教育管理的关系[J]. 当代教育科学，2019(6).

后　记

　　持续学习研究教育法规政策多年后，我梳理了培训教学、研究及实践中的零散资料，其中既有培训课程开发计划、课程方案，又有参与撰写的教材、上课的讲义，还有积累的第一手实践案例及日常观察形成的故事，经过选择、整合、建构和润色之后，形成了目前本书的模样。虽不甚完美，却极尽心力！

　　感谢北京师范大学苏君阳教授在专业性、科学性和逻辑性等方面的点拨、把关和斧正，并于序言中阐明本书的理论源头和实践价值，实是言简意赅的点睛之笔；感谢北京师范大学鲍传友教授在培训项目合作过程中于培训思路和方法上的点拨和指导，实是打通理论与实践的关键指引；感谢北京教育学院余新教授和王永红老师组织的培训课程开发项目，在此期间，我精读了泰勒的中英文对照经典书目《课程与教学的基本原理》，还有支持实践课程开发的工具书《工作分析的方法与技术》，这促使我真正领悟到如何设计和实施符合成人特点的培训课程，由此而产生的课程实践成为本书主要的写作资料和素材；感谢北京教育学院谢志东教授在中小学干部教育政策法规培训方面的指导和引领；感谢北京大学陈向明教授在质性研究方法上的指导，尽管只是课间的随意聊天，我已是受益匪浅；感谢华东师范大学刘艳茹博士在我入职以来的悉心指导，让我超越渺小、粗糙、急躁的自我解嘲，找到细腻、严谨、笃定的成长方向。

　　感谢北京市顺义区教育研究和教师研修中心张海主任、李树栋副主任、徐秋生副主任的栽培、鼓励与信任，每每在我专业成长的关键节点上，指点迷津，开路铺桥，力荐我沉浸在北京大学、中央党校、华东师范大学的高层次专业培训中继续学习，向全国乃至世界知名的专家零距离请教，这使我逐渐建立起写一本书的自信和勇气；感谢顺义区教育研究和教师研修中心干训部门李君美、西胜男、张文利、王学萍、赵书华、杨袁予童以及顺义区教育宣传与政策研究中心刘禹含等几位老师，在每一次与我的对话交流中，提出宝贵而中肯的建议，给我诸多启示和灵感。

感谢与上千位中小学校长的美好相遇，我们的共谈、共建和共进是一个令人怀念和感动的过程，特别感谢北京市顺义区牛栏山第一中学张华礼校长、仁和中学蒋吉殊校长、杨镇二中张旭东校长、顺义区第五中学曹殿悦副校长、张镇小学孟海芹校长、石园小学教育集团李冬红校长、板桥小学李海霞校长、研修中心附小孙海霞校长、裕达隆小学茹娜副校长在本书创作过程中，所提供的观察平台、成功案例和实践指引。前些年，我怀揣着情怀和梦想却急求改进，面对现实一声叹息，觉得举手之劳可以落实的法治理念，为什么学校管理者们却没有做到？这么多年过去了，是身边的中小学校长们让我从容平和下来。每位校长的成长路径不同，其认知结构及价值观的形成，是由独特的人生历练、多维的学习途径及无数次的自我修调才实现的，加之性格特点、家庭背景、工作环境的差异，可谓是人人不同，人人精彩。每一位校长在复杂的教育管理情境中，都散发着神奇的管理魅力，无论实践中有何种阻力和坎坷，他们总能够综合包括法治方式在内的各种管理方式，破解种种现实难题，总能够引领师生奋勉向上，开辟学校发展的新路径，相信他们一定能够成功践行依法治校！基于此，在整个写作过程中，我努力从校长的实践与感悟中，感受各自不同的情感状态和管理环境，时时提醒自己对原生态的管理现象和问题，少些质问、批判，多些理解与关照，这是当理想照进现实时，应当具有的端正的研究态度和清醒的专业立场。

最后，感谢我的导师首都师范大学尊敬的李恩慈先生，书中的设计规范和实践路径都蕴含了导师当年的风格烙印和学术理想。我2003年读研究生时，是在本科毕业的5年后，那时我已经28岁了，在同届同学中属于大龄女青年，一边带着孩子，一边找工作。导师为我的毕业论文颇费心力，从逻辑、结构、内容、方法直到微小的格式一点点儿指导，要求非常严格。很多次在导师家的书桌上，我红着脸奋笔疾书，但进步微小。他从不曾嫌弃我的笨拙，鼓励我不要着急，慢慢来！最后我的毕业论文《刑事一体化视角下刑事法学综合课程的开设》被收录至中国知网，是向导师的致礼！毕业之际，导师告诉我们，希望你们把法治精神带到工作岗位上，影响你们周围的人和事。近 20 年过去了，再回想恩师的教诲，于不惑之年，终于体悟到人生的真正价值在于：有生之年，为他人、国家、社会做出些真正有意义的贡献！正是苔花如米小，也学牡丹开。

　　由于自己的理论储备和写作水平有限，本书在内容表述、问题剖析、呈现方式上，还存在不足之处，诚请校长们、培训同行们及所有阅读者批评斧正。今后，我将在持续的实践探索中思考，认真修缮！谢谢大家！

作者于北京顺义

2021 年 12 月